链组织

区块链环境中的组织形态

王紫上 孙 健 蒋 涛 张秋水 著

清华大学出版社

北京

内 容 简 介

随着区块链、5G、人工智能、物联网、机器人、大数据、云计算等新技术为基础的数字文明时代的崛起，传统公司制组织和社群制组织都面临着进化、解构和重构。本书清晰地展现了传统公司制组织应该如何升级链组织，重构股东、创业者、员工、消费者、渠道商等价值网络，满足客户和用户的短期利益和长期利益；如何用分布式链组织提高效率，让运营成本、服务成本和管理成本趋近于零。这种商业组织形态将重构商业社会、企业组织，优化目前的企业形式。

本书对于企业家、创业者、企业高管、区块链从业者、社群及粉丝经济从业者有重要的借鉴意义。

图书在版编目（CIP）数据

链组织：区块链环境中的组织形态 / 王紫上等著 . —北京：清华大学出版社，2020.7
（2020.11 重印）
　ISBN 978-7-302-55462-2

Ⅰ . ①链…　Ⅱ . ①王…　Ⅲ . ①电子商务 – 支付方式 – 研究　Ⅳ . ① F713.361.3

中国版本图书馆 CIP 数据核字（2020）第 086271 号

责任编辑： 白立军　杨　帆
封面设计： 杨玉兰
责任校对： 徐俊伟
责任印制： 沈　露
出版发行： 清华大学出版社
　　　　网　　址：http://www.tup.com.cn, http://www.wqbook.com
　　　　地　　址：北京清华大学学研大厦 A 座　邮　　编：100084
　　　　社 总 机：010-62770175　　　　　邮　　购：010-83470235
　　　　投稿与读者服务：010-62776969, c-service@tup.tsinghua.edu.cn
　　　　质量反馈：010-62772015, zhiliang@tup.tsinghua.edu.cn
印 装 者： 三河市龙大印装有限公司
经　　销： 全国新华书店
开　　本： 148mm×210mm　　**印　张：** 8.375　　**字　数：** 190 千字
版　　次： 2020 年 9 月第 1 版　　　　**印　次：** 2020 年 11 月第 3 次印刷
定　　价： 69.00 元

产品编号：087239-01

区块链带来了组织革命，通过防伪防篡改的数据、陌生人互信、通证激励、智能合约等机制，创造了 DAO 社区，即共有、共商、共建、共营、共享的组织模式，这对于传统组织体系是一种颠覆，链组织正好验证了这一观点。

——区块链经济学者、国家信息中心中经网管理中心副主任
朱幼平

区块链技术构建了一个去中心化、去信任、自激励、分布式的价值网络，这个价值网络的出现不但会重构现有的生产关系、生产方式，也会重构现有的组织结构和形态，基于社群制、链式记账、通证激励、智能合约、共识算法等先进的基础设施的链组织将成为未来社会主流的组织结构和形态。

——CSDN 董事长、上方股份董事长、《程序员》杂志创始人
蒋 涛

金融科技运用区块链、大数据、云计算、人工智能等技术，构建数字文明时代的资产数据化和资产证券化，通过企业价值网络的重构，为金融赋能实体经济，解决中小企业融资难题，找到新的方向。《链组织：区块链环境中的组织形态》一书试图揭示这一趋势，可以给大家一些启示。

——微众银行前行长、瀚德科技董事长　曹　彤

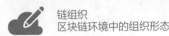
区块链的诞生促进了"开放公司"概念的实现，《链组织：区块链环境中的组织形态》一书阐释了一个组织的边界如何在区块链的启发下逐渐钝化，向社会的更广阔处蔓延。区块链技术不仅是一种纯粹的技术，它同时也是一种社会的技术、组织的技术。本书从管理学的角度将区块链解构并融入管理制度和组织形态的生命长流中，为读者提供了一个翔实的制度辞典，也为初学者打开了区块链技术的黑箱，值得一读。

——NEO 创始人 达鸿飞

我们身处的这个时代，正在经历百年未有之大变局，我们正在见证、推动并创造区块链环境中的新世界；信息互联网和传统行业也都将会进入区块链时代，《链组织：区块链环境中的组织形态》可以帮助传统行业在区块链世界里重构组织生态，变道超车，跟上时代的步伐，相信历史终将奖励行动派和创新者。

——欧科集团创始人 徐明星

关于如何促进大规模组织的高效协作，经济学和管理学的研究很多，从博弈论、机制设计、社会偏好理论到产权理论、合约理论、公司治理研究，林林总总，但受限于传统的激励和管理工具，很多研究只能停留在漂亮的数学模型上，落不了地。区块链和通证为实践和发展这些理论提供了前所未有的强大工具，人类有可能基于区块链和通证构造全新的、公平且高效率的协作机制。本书就是在这个方向上的可贵思考和探索。

——数字资产研究院副院长　孟　岩

区块链被正式纳入国家"新基建"的发展战略，产业落地及生态共创成为行业共识，以区块链为代表的数字基础设施可以让传统企业转型升维，将开启中国数字经济的新时代。新基建不但会带来场景、模式、产品、服务等方面的升级，也会为企业和社会带来组织形态与组织结构方面的全方位升级。《链组织：区块链环境中的组织形态》系统全面地介绍了架构在区块链基础设施上的组织形态的特点和模式，以及如何将一个传统公司制组织形态升级成社群制链组织。

——上方股份创始人　张秋水

身为创业者，我一直在思考两个问题：怎么能把公司的规模做小？怎么能把公司的效率提高？合伙制的运营模式流行开之后，我发现只有把公司所有的人都变成合伙人，每个人的切身利益和公司利益牢牢绑定，这样的组织才有欣欣向荣的可能。

区块链开始了链组织的时代。伟大的区块链组织都有一个共同的特点：组织管理的去中心化。优秀的链组织，每个成员对于组织的价值观都高度认可，他们自发自觉地为组织高效协作工作。链组织的内容，描绘了一个更高级的组织架构方式。

——JLAB 九鼎区块链实验室创始人　孙　健

紫上是领先的管理实践者，又是杰出的理念提出者，祝贺她继"云管理"之后又提出"链组织"。她所带领的团队多年来实践了云管理，即同事们可以在云端"协作"，以现在的眼光看，她带领的团队的确早就实践了链组织，即内部的同事、外部的伙伴以及整个产业链的人自由地"合作"。协作，重点是协调一致，可以靠命令与控制，也可以像蜂群一样。合作，强调的是各有诉求与目标，但像被无形的手牵引形成更大的共同福利。对于链组织所指代的未来组织形态，开源软件、维基百科、公益社群过去已经给我们一些启发，比特币社区（也含它分化出来的 BCH、BSV 等）则是迄今为止最佳的示范，而我们觉得链组织可能实现，是因为由比特币抽离出来的区块链及它的分叉、通证、智能合约等，似乎为未来链组织提供了所有必要的技术性工具。

——《区块链超入门》作者　方　军

互联网是"连接"的价值函数，AI 是"学习"的价值函数，而区块链则是"信任"的价值函数。区块链脱胎于一种创新型的分布式计算的算法，但是，区块链却同时能带来思维模式上的创新。本书把区块链的信任价值函数投射到公司管理问题上，是实现无为而治的高效管理模式的具体实践，很有意思，希望读者尤其是企业家读者能够喜欢和获得启发。

——迅雷创始人　邹胜龙

"区块链改变生产关系",这个耳熟能详的道理,是区块链对社会的作用。但关于这个道理的系统剖析,少之甚少。幸运的是,好朋友紫上结合她近 20 年的从业经历,开始了区块链对生产关系的精彩阐释。《链组织:区块链环境中的组织形态》作为业内首部探讨区块链影响组织的著作,非常具有前瞻性。紫上首提"币东"概念,充分展现了数字时代用户主体角色的多重性,也是对"用户主权回归"的呼吁。总之,本书是组织升级转型的必读之作,期待这字字珠玑能叩开新商业时代的大门。

——密码宝创始人 陈菜根

区块链是技术革命、金融革命、组织革命

区块链组织革命有两个含义。

第一是改变生产关系。通过数字时代的共有、共建、共享的分布式自治组织（DAO），从机制上改变工业时代劳资对立的公司，自己为自己打工。

未来的经济组织更多都像比特币社区那样的自治组织，新型生产关系更可靠，也更高效。

第二是改善协作效率。工业时代因为物理化学革命、能源革命，用批量生产线高效率创造财富。但到工业化晚期，批量模式出现天花板现象。由于人们要求高了，需求都是个性化的，统一的批量无法满足个性化需求，因此大量过剩。数字时代，由于有了区块链，可以在不牺牲工业批量效率的前提下，通过防伪、防篡改的信息，通过通证经济激励，实现智能化的定制供应。这样，既解决产能过剩，又能引导过多的资金进入实体经济。区块链协作效率有突破性提高，这是数字时代财富创造的新模式。

用数字时代的 DAO，代替工业时代的公司，是组织理论的重

大突破。用 DAO 构建生产和供应链，能够更高效地创造财富，也可放大到其他经济社会组织，如国家、国际组织等，是治理体系和治理能力现代化的必然要求。

本书提出的链组织，正好印证了这个区块链组织革命的观点。

朱幼平

区块链经济学者、国家信息中心中经网管理中心副主任

老金融人链入新世界

2017 年，我离开耕耘 10 年的股权投资领域，一股脑扎进了区块链行业。两年前谈论区块链，并不像现在这样，大部分人其实都听不懂。有一部分人，稍微懂一点的，都觉得区块链行业的从业人员基本是骗子。我跳进这个行业，背负了不小的压力，周围的朋友，有人直接屏蔽了我的朋友圈。我自己明白，这不是一时的冲动，确实是觉得时间节点已经到来。因为在早期投资行业，很久没有新鲜、激动人心又看不太懂的东西出现了。直觉告诉我，看不懂的东西，要么非常不靠谱，要么是个万亿的大市场，这和早期的互联网很像。

下海区块链的准备工作，其实持续了两年的时间。2015 年，我还在九鼎投资担任合伙人，负责早期创投投资。当时正赶上联盟链火爆的节奏，R3 的巨额融资把整个行业的热情带起来了。我的团队把业内的区块链技术公司研究了一圈。我记得当时去上海见了初夏虎，他还挤在一个联合办公的小房间，我们讨论了区块链的未来，他也说不太清，但就是觉得这个事情应该干、值得干。2015 年，流行一个词叫作股权众筹，当时以太坊已经完成了 ICO 众筹，国内的区块链项目也都纷纷效仿进行众筹，但当时的效果都不是特别理想，众筹的资金勉强能养活团队。

2017 年，区块链及其相关的行业突然爆发，但整个行业还是缺乏专业的投资机构和金融背景的人。我当机立断和一位同事成立了区块链投资品牌 JLAB，并迅速募集了第一只基金。我们从募集开始到结束，大概用了不到一个月时间，而传统股权基金的募集，没有半年是无法完成的，相比之下其效率之高不言而喻。

JLAB 一成立就建立了一个全球分布式的组织，成员分布在北京、上海、旧金山、首尔等地。沟通最多的方式就是电话会议和微信群组沟通，虽然远隔千里，但是大家都有一个共同的目标，打造一个全球的区块链资产管理机构。

2017 年 8 月，我遇到了同样进入了区块链行业的紫上和秋水，在移动互联网和股权时代我们就打过交道，大家彼此信任。当时紫上是上方股份（835872）的 CEO，上方是游戏行业专业的综合服务商，是一家新三板的创新层企业，上方旗下品牌"TFC 全球移动游戏大会"和"上道游戏交易平台"服务过的游戏企业就超过 2 万家。

我和他们一拍即合，都认为区块链和游戏时代的结合已经到来，这就是今天大家在游戏行业高频提到的一个词——链游。此后上方也投资了大量的链游领域的标的，包括游戏公链 TopChain 等。

因为这些业务上的合作关系，我第一次和上方开始了紧密的链式合作，虽然来自不同的组织，但是因为对区块链的共识，我们链在了一起，成为分布式的链组织。2017 年 12 月，秋水、紫上、蒋涛和我一起商量，要在首尔召开一场区块链国际大会，秋水给起了 TokenSky 这个名字；2018 年 3 月和 7 月，TokenSky 成功地在韩国、日本都举办了大型的区块链国际大会，引起了不小的轰动。此前的 TFC 全球移动游戏大会，尽管已经举办了 10 多年，但从来没有离开过中国。到了区块链的世界，国与国之间的边界，因为区块链和共识的力量，迅速地消失了。

我亲眼目睹着 TokenSky 是如何通过分布式的全球节点、通证激励的力量从一个名词到成功地举办两次国际性大会。这就是区块链的分布式协作的方式，一个多中心的通证激励的组织生态，能够因为某个共同的使命，有效协作和运行。作为一个在股权时代工作了 10 年的人，深刻感受到了区块链世界的运行效率、区块链的链接方式、组织生态，确实是划时代的伟大变革。

于是，我选择参与，链入这个新的世界。

孙　健

JLAB九鼎区块链实验室创始人

从云管理到链组织

电影《阿飞正传》里面有一句台词："这世界上有一种鸟是没有脚的，它只能够一直飞，飞累了就在风里面睡觉，这种鸟一辈子只能下地一次，那就是它死的时候。"

紫上和我合作 19 年了，在我眼里紫上很像这只鸟。

和她熟悉的人都叫她"小龙"，因为 2002 年在她创建的 SP 论坛，她是总坛主，ID 就是"小龙"，她是一只会飞的小龙，这些年一直都在天上飞。

在写这篇序的时候，我的脑海里一直浮现出我 2018 年 3 月为 TokenSky 区块链大会首尔站创作的《区块链之歌》里的一句话：

纵横御龙　飞过苍穹

A feisty dragon, flying over the TokenSky

御龙（A feisty dragon）寓意就是紫上，苍穹（TokenSky）就是区块链新世界。

这个区块链新世界目前虽然还不被很多人理解，但却是一个能让紫上这只"小飞龙"自由滑翔、喘息休息的理想空间。

从无边界的社区到有边界的云组织，到上方股份新三板上市，从《云管理 2.0》到现在的《链组织：区块链环境中的组织形态》，紫上作为一个创业 17 年的一直做社群、搭平台的女企业家，这一路走来成就了多少人、多少事、多少企业？经历的风刀霜剑、酸甜苦辣，有谁知晓？有谁感恩？

当前，我们正面临一个 500 年以来最大的社会形态大变局。

现实世界、互联网世界、区块链世界三个空间重叠穿越，农业文明、工业文明、信息文明、数字文明四种文明形态融合共生。区块链、5G、人工智能、物联网、机器人、大数据、云计算等新技术同时爆发，科技已经越过了奇点，加速融合发展。

我们所处的生存环境在巨变，我们熟悉的货币、金融、银行、股票交易所、公司等传统基础设施都在被区块链基础设施（分布式账本、通证、智能合约、共识算法）所颠覆或改造，不管是否愿意，我们都已经被卷入这场空前的社会变革大风暴中。

在这样的大变局中，如何生存？如何发展？如何前进？

或许能从这本《链组织：区块链环境中的组织形态》中找到

答案。

《链组织：区块链环境中的组织形态》是紫上自 2002 年创业以来，从 SP 论坛到 TokenSky 生态的思考和总结，也是进入区块链新世界不错的入门指引，希望这本《链组织：区块链环境中的组织形态》能成为很多企业家换道超车、转型升级的教科书。

紫上曾于 2017 年出版过《云管理 2.0》一书。云管理是架构在信息互联网和移动互联网环境中的分布式管理，而链组织是架构在区块链环境中的分布式通证社群的组织形态。我希望紫上这本新书能超越之前的《云管理 2.0》，经历时间的考验成为经典。

张秋水

上方股份创始人

　　中国目前大部分的企业都是中小企业，贡献了全国 90% 的企业数量、80% 的就业、70% 以上的技术创新、60% 以上的 GDP 和 50% 以上的税收。世界经济周期的下行期，以及中美贸易摩擦等诸多因素，全球新冠肺炎疫情暴发后，有大量中小企业遇到了巨大的生存和发展问题。

　　优秀的企业家创造了新的就业机会，带来了税收的不断增长。但是在经济下行中，创业者们背负着上要应对投资人和银行贷款的巨大资金压力，下要应对员工不出业绩、无法创收，还要加班费、社保、仲裁的巨大风险，中间还要面临企业战略目标，业务转型，产品服务挣钱养公司、养员工的压力，在这样的情况下，民营的中小企业如何生存和发展，是一个很值得思考的问题。

　　我和秋水、枫叶自 2002 年开始一起创立上方，至今已有 18 年的历史。在这 18 年中，我们经历了从互联网的社群制组织到互联网公司，再到新三板创新层的公众公司，然后又来到了区块链领域的链组织。这段亲历的历史让我们清晰地感受到了不同历史时期，社群制组织、公司制组织及链组织的强烈对比和差异，让我们感受到社群制组织的温暖和阳光，人性中光辉闪耀的部分；也让我们感受到公司制组织中无良股东、恶意员工的敲诈和破坏，见识了人性中丑恶的部分。

　　这些经历让我对企业家和创业者充满慈悲，对为未来充满恐慌
而自保的员工充满怜悯，这绝对不是一两个人造成的问题，当同样的
事件大规模发生的时候，不禁让我们思考，由资本、雇佣、上市形成
的公司制度，到底出了什么问题？缘起于资本主义制度的公司制是不
是已经走向了黄昏？更对我们所处的历史环境、公司制，以及未来的
组织生态有了深入的思考，到底什么样的组织形态能够不断地适应时
代的发展和变迁，能够在各种激烈变化的环境中生存下去？

　　秋水曾于 2000 年时提出"虚拟与分布，融合与共赢，开放与
共享，零摩擦，零阻力"的互联网理论；我在 2000 年时用外包的
方式用一周的时间上线了一个网站，这是我们第一次感受到互联网
免费共享、融合与共赢的力量。随后上方发展的十几年里，依靠传
统互联网的网络协同工具、办公软件等时代性较强的技术手段，把
上方组织打造成一家分布式管理、成员在云端的半社群化企业，并
将社群管理经验总结为"云管理"理论，且于 2016 年和 2017 年
分别出版了《云管理：互联网时代的组织管理革命》和《云管理 2.0》，
将我们分布式办公的经验分享给其他人。

　　2017 年 8 月，已经登陆新三板创新层的上方股份进入区块链领
域，发现我们在信息互联网时代的云管理思想和区块链精神是一致
的，都是虚拟的、分布的、多中心化、社群制、融合与共赢、开放与
共享、成员分布在云端办公等。对分布式的理解之深，让我们得以在
2018—2019 年的区块链世界中，快速地实践一种新型的组织生态，
即链组织，并借助链组织成功地实现了上方的转型升级、发展壮大。

创业 18 年，我深知公司制的弊端，深知中国企业家之痛。优秀企业家是国家和社会真正的稀缺资源，但是经历的经济危机和企业困局，严重地制约企业家精神的发挥，也让企业家有很大的后顾之忧。而对于任何想继续创造价值，继续创业的企业家来说，非常有必要了解我们这个新时代，最适宜生存的新型组织生态，它可以帮助组织延续治理文化，持续创业基因，稳定创业企业家发展预期，激发大家的创业精神，不断提升持续创新能力。

本书从公司制的起源、发展和成就出发，分析了公司制目前存在的局限性和弊端，以及不同历史时期社群制组织的起源和发展。全书共分 16 章，主要内容：人类文明的跃迁，公司制组织，社群制组织，区块链的起源、发展与未来，什么是链组织，数字化及资产化，链组织的激励方式——通证与通证经济体系，链组织的互信机制——智能合约，链组织的组织形式——社群与节点的建设，链组织的记账权——分布式记账法和链式记账法，链组织的基础设施——区块链分布式存储，数字钱包，区块链的应用——DApp，区块链将要改变的行业，链组织的实施——链改及组织转型，链组织——历史的机遇与挑战。本书插图由王嵘提供。

特别感谢合作 19 年的搭档秋水和枫叶，15 年的 Cindy，14 年的 Vigi 和然然，7 年的走着和小松，6 年的谭娟、雪亮和亚飞，5 年的 Serena、颖信和小菁等核心团队成员。在 90% 的企业都活不过两年的情况下，上方核心团队长则十几年，最短时间也有 5 年。上方从 SP 时代到移动互联网，到移动游戏时代，再到区块链时代，

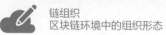

在每个时代来临的时候，都不断地抓住时机，迭代认知，学习改变，拥抱变化，积极投入每个时代的浪潮中。

还要感谢一路走来上方的各位合伙人和投资人，CDSN 的蒋涛、大卫和孟岩，弘道资本的李晓光，纵横汇的刘炳海、陈锋、张鹏、格总和海中，还有资深合伙人胡新勇、栾威、孙健、小五哥、长青、文哥、博越等。同时，感谢上方股份、上方花园、上方汇、上方女人邦、上道等这 17 年来的股东、合作伙伴、客户、用户和社群的成员们，感谢大家这么多年来，始终如一的支持和帮助。

在区块链世界，受益于很多前辈们的指点和帮助，同时在本书的编写过程中参考了多位老师和同行们的文章或观点，在此对朱嘉明、蔡维德、朱幼平、肖风、孟岩、方军、龚焱、吴桐、陈菜根、虎哥、蔡凯龙、方圆、许志宏、洪七公、王东临、孙运动、徐继哲等各位老师和同行们表示感谢。

希望本书能为探索区块链和数字文明时代的同行们，为希望在区块链世界做出价值的超级个体们，为正在和继续创业的朋友们，提供一个组织形态变革中可以参考的路标，并助力大家走向区块链时代的康庄大道。

王紫上
2020年4月 于深圳

04

第4章
区块链的起源、发展与未来 057

05

第5章
什么是链组织 070

06

第6章
数字化及数字资产　102

07

第7章
链组织的激励方式——通证与通证经济体系　112

08 第8章
链组织的互信机制——智能合约　139

09 第9章
链组织的组织形式——社群与节点的建设　153

10 第10章
链组织的记账权——分布式记账法和链式记账法　173

11 第11章
链组织的基础设施——区块链分布式存储　181

12 第12章
数字钱包　188

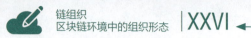

第1章

人类文明的跃迁

01

人类社会经历了农业文明、工业文明、信息文明、数字文明四个文明阶段。

人类文明的第一次浪潮是农业革命，从公元前 4000 年左右，四大文明古国古巴比伦、古埃及、古印度以及中国的黄河流域，出现的以金属工具制造、使用和以水利技术大力发展为标志的农业革命，农业革命孕育了农业文明。

第二次浪潮是两次工业革命，从 18 世纪 60 年代欧洲开始，因为蒸汽机的发明和使用创造了巨大的生产力，让人类迅速进入了第一次工业革命。后来因为电力的广泛应用使人类进入了电气时代，19 世纪末 20 世纪初，德国和美国引领了以电气化、化学应用和内燃机三项技术的发明和使用为标志的第二次工业革命。两次工业革命对全球产业的推动大约到 20 世纪 70 年代，工业文明历时200 多年。工业文明时期诞生了公司制，人类社会开始从封建农耕社会步入商业社会，不但极大地解放了生产力，促进了商业金融的大发展，而且逐步改变了整个人类社会的结构。

信息文明则是第三次浪潮，从 20 世纪 70 年代至今，特别是20 世纪 90 年代以来，以计算机与手机的普及应用，网络与通信技术的结合带来的信息产业大发展，带来了信息产业革命。信息产业革命从美国发源，因为电子计算机的广泛使用，使互联网信息技术革命诞生了平台，诞生了生态，并把人们带入全面的"互联网 +"和互联网化时代。从 1968 年至今，历时 50 多年。信息文明促进了现代公司制的不断发展，"互联网 +"时代改变了人们身边的一切，由互联网带来的信息爆炸及权威消解，加上移动互联网的便携性与及时性，企业管理形态及组织结构已经发生了深刻的变化。

第四次浪潮数字文明是以区块链为基础的，在人工智能、基因、生命产业、新材料、新能源等先进生产力基础上的新的文明形态，区块链是未来数字经济的基础设施，它和 5G、AI、云计算、IoT 等先进生产力的结合导致生产关系、生产方式、生产资料的颠覆性重构，全球所有国家格局的变化，以及全球经济体系的重构。

数字文明将是科学革命、技术革命和产业革命三大革命的交叉融合，是一次完整意义的复合型科技与产业革命，从文明角度看，将是一次"再生和永生革命"。数字文明是一次改变人类自身的科技革命，将彻底改变人类的生活观念和生活模式，从学习、工作、家庭到寿命等。如果它的预期目标能够实现，人类文明将进入"再生时代"。前三次浪潮彻底改变了人类的思想观念、生活方式、生产方式、世界格局和许多国家的命运。第四次浪潮蕴含着巨大的经济利益和社会利益，其影响力之大将超过前三次浪潮。人类社会四个文明阶段如表 1.1 所示。

表1.1　人类社会四个文明阶段

人类文明	发生时间	核心技术	标志性产业	生产主要形式
农业文明	公元前4000 年	金属工具制造、水利技术	农耕	部落制、家庭制、封建制、佃农制、雇农制
工业文明	18 世纪60 年代	纺织机、蒸汽机	纺织业	合伙公司制、特许公司制、家庭作坊
	19 世纪末	电气化、化学、内燃机等	电气化产业、重化工产业	有限责任公司制、股份制
信息文明	20 世纪70 年代	计算机、手机和网络通信技术等	信息产业、移动互联网等	现代有限责任公司、股份制、合伙制、社群制
数字文明	现在	区块链、AI、5G、生命产业、大数据、新材料等	人工智能、区块链、物联网等	链组织、合伙制、有限责任公司制、股份制

　　组织形态的设计与结构作为组织的上层建筑，根本上是由以科学技术为代表的生产力所决定的。农业文明是以早期农耕技术为基础，为适应农业生产、生活需要而形成的社会制度、礼俗制度等范畴的文化形态；工业文明是以工业化为重要标志，以技术创新、机械化、流水线大生产占主导地位的一种现代社会文明形态；信息文明是以计算机技术、微电子技术、量子信息技术、通信技术、网络技术、纳米技术、多媒体技术、人工智能等科技为基础，以超链接

和万物互联为手段，构建了一个可以让人类在信息层面互联互通的
网络世界，形成了一种新型的文明形态。

随着区块链、5G、AI、IoT、机器人、大数据、云计算等新技
术同时爆发，走到了新的区块链时代。我们有必要重新认识以区
块链作为数字文明时代社会信用与信任的基础设施，为人类社会
即将带来的翻天覆地的变化，以及对社会组织形态产生的重构，
延续了 400 多年的公司制将如何被区块链世界的链组织所替代。
区块链可以构建一个不依赖公司、个人能力也可以充分发挥的社会，
区块链改变了组织模式，改变了人们的工作方式，它可以支撑几
百万人大规模协作，这是对 400 多年公司制真正的变革。

第2章

公司制组织

02

2.1 公司制的起源

15 世纪左右的欧洲，由于新大陆的发现和新航线的开辟，刺激了海上贸易的发展。欧洲商人活动的领域从地中海周围扩展到了大西洋，东西半球各地贸易额大幅度增长。海上贸易的发展迫切需要组建一批贸易公司，公司由此产生。

早期的公司形式一般都需要取得皇家或政府的特许，公司要么是独资的，要么就是少数几个人的合伙制形式。在传统体系下，这些所有者承担了和公司相关的所有风险，如果企业破产，他们有责任承担所有债务；他们同样也享有公司成功后的全部果实。这套体系鼓励保守的运营方式，无法对企业家提供承担风险的激励。公司是生产社会化发展的产物。生产社会化在资本原始积累时期以后，集中体现在贸易的广泛发展和信用制度的出现。

16—17 世纪的海上贸易是一项风险极高的活动，如果遇到风浪沉船，出资人很可能倾家荡产、血本无归。荷兰人最早发明有限责任公司，其具备两大特点：独立法人和有限责任。公司成为法人，摆脱了自然人生命无法永续的软肋，公司可以永续经营。更为重要的是，公司可以承担一定责任，出了问题由公司负责，出资人一定程度上摆脱了责任。而有限责任公司所承担的责任也是有限的，即以公司总资本承担公司所面临的经营风险和责任。如此一来，公司赚了钱归出资人所有，亏了钱由公司总资本偿还，与出资人无关。海上贸易如果由公司来经营贸易，出资人的风险则大大降低，一切风险和责任由公司来买单，这极大地激发了投资者投资贸易与实业的热情。由于有限责任公司制度天然具有抵御风险的优越性，导致公司如雨后春笋一般在欧洲遍地开花。

后来，荷兰人又将有限责任公司的股份分成若干份，通过发行股票募集资金，股份制公司由此诞生。股份制公司广泛地吸纳民间资本，使民间资本成为股份制公司的强大动力，股份制公司吸纳资金的同时进一步分散出资人风险，助推公司乘风破浪跨洋谋利。例如，著名的英国东印度公司和荷兰东印度公司就是最早的股份有限公司。

现代公司制度始于 19 世纪末，也就是资本主义由自由竞争到垄断的过渡时期。公司制组织以其筹资和联合的优势，在资本集中和加速垄断形成过程中，发挥着巨大的杠杆作用，与此同时，公司自身也获得了迅猛的发展。由于科学技术新发现和新发明在工业上的广泛发展，以及市场竞争空前激烈，因此刺激了欧美各国在公司规模和数量上的急剧发展，推动了美国等现代公司制度强大的国家迅速步入了大规模持续增长的正轨。

2.2　现代公司制度的主要成就

二战以后，现代公司制度已成为经济组织的主要形式，成为各国解决就业、创造财富、交纳税收、服务社会的主要经济组织形式。公司制度的发明极大地推动了人类社会的可扩展性，美国经济学家布拉德福特·德隆的研究表明，人类 97% 的财富是工业革命后二三百年的时间里创造的，有限责任公司是一个伟大的发明，它实现了人类合作的可扩展性，而股份有限公司又真正缔造了现代社会。

现代商业社会的高度发展，得益于现代公司制度的不断完善，现代公司制度最大的基础在于建立了公司财务制度和法律法规，这些制度和规则的诞生推动了商业历史的车轮，发挥着无比巨大的作用，奠定了现代商业社会的基础，从而诞生了空前繁华的现代商业社会。

在当代西方国家中，无论是工业、农业、商业、金融业还是服务业，大都采用公司制组织形式。自从有了公司，人类很多的新知识、新发明、新创意都有了明确的创造者和拥有者。据统计，从 17 世纪到 20 世纪 70 年代，被经济学家认为改变人类活动的 160 种主要创新中，80% 都是由公司完成的。

公司为现代社会稳定发展的重要基石之一，提供了大多数的就业岗位，公司和员工之间形成了一种以共同经济利益为纽带、相对稳定的契约关系，对于维持社会稳定和社会秩序具有不可替代的作用。

越来越多的人希望公司能从创造财富的主要参与者、提高生活质量的促进者、重大革新的承载者成为人类社会价值观的引领者。这在更多维度、更广宽度上，体现了公司存在的意义，发挥了公司进发的力量。

目前，公司制企业主要包括有限责任公司和股份有限公司两类，都是需要负担有限责任的有限公司。公司制企业是具有法人资格的组织，法律地位独立于股东和管理人员，以公司全部财产对自己的债务承担责任。如果股东与公司的财产界限划不清楚，股东就必须对公司承担无限责任。有限责任制度让投资人风险有限、收益无限的制度，可以使想冒险、想投资的人大胆投资。股份有限公司出现之后，又进一步解决了通过股权转让退出公司的问题，使公司成为一种公共平台；成为筹集资金的一种最有效的方式，社会资本可以以入股的方式参与投资，入股后想退出投资，可以将股份转让。

现代公司制度有完善的公司管理和法律管理制度，从企业设立开始，就用完善的《公司法》对设立企业的组织形式架构有明确的规定，企业在日常经营过程和融资并购中，在缴纳税收、招聘和雇佣员工、资产担保抵押、遇到诉讼或仲裁时等，有完善的法律法规，包括《合同法》《知识产权法》《税收法》《劳动法》《信托法》《破产法》《仲裁法》等，同时还会有工商、税务、环保等行政管理条例规范。

公司制的产生，是人类文明发展到一定阶段的产物，公司的诞生不是来自法律的赋予，而是现实商业社会的经济需求。目前，公司制组织还存在着各种各样的问题。时至今日，公司制演进并未停止，其下一步必然是朝着社会化、全球化、扁平化、科技化的方向发展。

2.3　公司制组织的局限性

公司制中最关键、最核心的利益相关方有以下三类：第一类也是最重要的一类，即股东。有限责任公司制度明确规定股东根据出资额享受对应的权益，同时他不负担除出资额之外的其他责任。第二类是员工。员工分为普通员工和高管。第三类是用户。

三个利益相关方之间存在不一致的冲突性。三者究竟应该如何排序？并没有定论。虽然某种意义上这三方有共同的利益追求，但是他们对目标的理解和期望值及对路径的理解和期望值，经常存在不一致和冲突。三大利益相关方之间首先存在信息不对称，其次存在冲突，而冲突包括目标冲突与利益冲突。

公司制的两种管理工具——契约和激励，用于解决公司制利益相关方的冲突。

1）契约（合约）

（1）基础设施型契约，即《公司法》。通过法律层面制定基本的框架，这个框架就是基础设施，它像一条跑道，只要开公司，公司就像一辆车，必须跑在这个跑道上，而不能在跑道外驾驶。

（2）书面契约。这类契约往往是定制化的，每家公司都有很多不同版本的书面契约，可以有完全不同的假设和定义。例如，员工入职要签劳动合同，这就是书面契约。但是书面契约本质来说都是不完整契约，一份劳动合同无论如何设想，如何推测员工的行为，以及和公司的关系，都不可能完整地界定员工的每个行为。所以书面契约最终具有不完整性。

（3）心理契约。虽然有些行为没有以书面文字的形式写下来，但是基于双方角色和社会规则，知道这些事是自己必须做的。心理契约是对书面契约的一种补充，而且一般来说，心理契约的范围和幅度往往要超过书面契约。因为书面契约都是不完整的，即便加上心理契约，契约也解决不了所有问题。那么，剩下的行为靠什么激发？这就需要公司制中的第二个工具——激励。

2）激励

激励是靠驱动力达成的，19 世纪的法国思想家孟德斯鸠提出，要驱动一个社会组织，有三大驱动力：荣誉、恐惧和制度。

在孟德斯鸠看来，靠制度驱动的系统是相对比较先进的，也就是通常所说的民主体系。但是，制度体系走到极致也有漏洞。第一是制度的僵化。第二是制度背后的代理人集团的诞生。代理人集团的诞生是制度系统经常容易出现的问题。谁来制定制度，谁来解读制度，以及谁来执行制度，背后都有可能催生出相关的利益集团，或者相关的代理人集团。

总结一下，契约和激励是公司制中解决股东、员工、用户等利益相关方之间不一致性最基本的两种管理工具。如果把公司看作一套操作系统，那么契约和激励就是这套操作系统里最核心的两个要素，这是公司制的底层核心逻辑。

2.3.1 公司制组织的股东利益与退出问题

公司制股权结构决定了公司控制权的分布，从而决定了公司所有者与经营者之间的委托代理关系的性质，因此股权结构是决定公司制治理结构的基础。公司治理效率的高低最终体现在公司经营绩效上，股权集中度与经营绩效之间存在显著的正向关系，因此在现代公司制度治理中，股权集中在公司治理中具有相对优势。

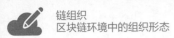

大部分的中小企业在发展初期，股权多半会集中在少数人手里，随着企业的不断扩大，融资或者投资人的增加，或者员工持股计划的实施，股份会越来越被稀释，股东数量会越来越多。公司制股东过多必定造成股权过于分散，不利于管理权的集中，同时也会造成潜在股权纠纷，对于未来走向资本市场融资也是大忌。股东与股东之间打架，造成管理权争夺导致公司出现动荡的不在少数。

股东的利益分配更是现代企业制度分配中的难点问题，股东投资是为了获得高额的回报，因此投入资本时一定会考虑如何退出。而企业资本退出只有被收购、独立上市（IPO）等少数几种方式，因此投资人给企业投资时会非常慎重，导致企业融资成本极高。

由于持有公司股权极难退出，股权也无法实时兑现，因此即使公司将员工发展成为持有股权的合伙人，员工也很难有合伙人的心态和意识。只有当企业成功IPO、股票能够顺利在资本市场变现，所有持股股东才有可能利益一致，否则目前公司制企业制度难以改变投资人、管理者和员工的身份关系和利益关系。

2.3.2 公司制组织的激励、分配与交易成本问题

在目前公司制的经营体系中，企业内部涉及的利益相关方包括股东（投资者）、企业管理者以及员工（生产者和销售者），企业外部涉及的利益相关方包括合作伙伴（供应商和渠道商）、用户（流量）以及客户（消费者）等。

投资者作为投资公司的股东，用资金投入来创建企业和维持运作，因此享有公司成长和利润的最大利益。

企业管理者作为运营公司的管理人，负责制定公司运行规则，管理维护公司运作，并为股东，员工、客户创造成长性和利润。

员工作为企业运营的雇工，制造或者提供产品及服务，并将产品和服务卖给消费者。员工通过付出时间或各种形式的劳动，以获取个人工资或其他回报。

合作伙伴是一家企业上下游的供应商和渠道商，他们的价格、利益与这家企业的经营密切相关，供应商价格低，企业利润就增加；给渠道商的价格高，企业的利润也可以增加。

用户作为企业经营和服务的关注者，是潜在的消费者，在产品和服务价格优惠或稀缺时，可能成为消费者。

消费者作为买单者，是利益相关方中的最后一环，企业要创造出客户需要的产品或服务，才能获得用户的购买，从而获得企业的利润。

公司利益相关方及面临的问题如图 2.1 所示。

大部分企业主要是由股东出资创立，股东创办企业的目的是财

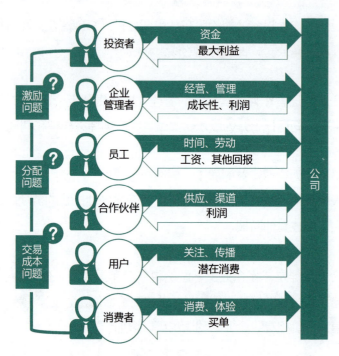

图 2.1　企业利益相关方及面临的问题

富增值，他们是企业的所有者，因此大部分的企业都追求股东投资人利益和财富最大化。在股份有限公司中，股东财富由其所拥有的股票数量和股票市场价格两方面决定，在股票数量一定的前提下，股票市场价值升高时股东账面上的财富也同步升高，而股票市场价值又取决于企业利润的数量，因此股东财富的多少又取决于企业经营的利润。

公司制以现金流量表和利润表来衡量企业经营的好坏，依靠稀缺资源、利润和成长性等要素衡量企业的价值大小。公司制的企业都追求利润最大化和成长的高速化。利益最大化造成了现代企业经营体系中的股东、企业管理者、员工、合作伙伴、用户、客户的利益从来都不一致，相互之间的摩擦系数很高；成长的高速化导致企业无法按照正常的节奏健康成长，而是按照资本的意志和要求快速达到相应的资本市场的要求，企业经营的目标不是全心全意为客户服务，而是为资本市场服务。

首先，公司制企业股东利益和员工利益不一致。如果想保证股东利益最大化，就要提高企业利润，提高经营效率，降低企业成本，包括员工工资成本、管理成本以及交易成本等。企业的激励和分配问题，从来都是企业管理中的关键问题，企业组织和管理，也主要是如何解决企业生产经营中的效率问题，如何提高员工的积极性，创造出更多的利润和价值。

其次，公司制企业股东利益、客户利益和合作伙伴利益不一致。这几个角色之间的关系是此消彼长的关系，客户支付的费用成为公司的收入，去除公司成本后，剩下的是公司的利润。企业要想获得更多的利润和成长，在成本条件一样的情况下，就需要提高给消费者和合作伙伴的产品和服务价格，客户和合作伙伴的利益就少了。

基于现有公司制的框架和规则，股东、企业管理者、员工、合作伙伴、用户和客户之间的关系就变得非常复杂且充满矛盾，围绕企业管理和运营就产生了三个最关键的问题：激励问题、分配问题和交易成本问题。

自 1990 年以来，至少有 11 次诺贝尔经济学奖都在试图解决现代企业管理的这三大问题，如图 2.2 所示。博弈论、机制设计、新制度经济学、激励相容要解决的主要问题是激励问题；分配理论、合约理论、产权理论要解决的是分配问题；科斯定理等要解决的是交易成本问题。

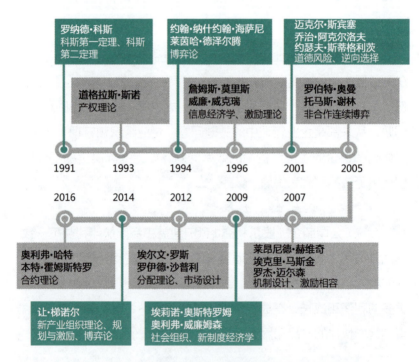

图 2.2 1990 年后解决现代企业管理问题的诺贝尔经济学奖

罗纳德·科斯在 1937 年创造了交易成本（transaction costs）的概念，交易成本，即利用价格机制的费用或利用市场的交换手段进行交易的费用，包括价格的费用、讨价还价的费用、订立和执行合同的费用等。罗纳德·科斯认为，当市场交易费用高于企业内部的管理费用时，公司存在的意义就是为了节约市场交易费用，用费用较低的企业内交易成本代替费用较高的市场交易。

2.3.3 公司制组织的用工风险和法律风险

公司制的管理者都应该在建立公司之前充分学习和了解《劳动法》，并不断与时俱进地学习新环境下相关法律部门、劳动仲裁机构对于《劳动法》的解读，以避免在公司经营中因为员工就业问题遭受不必要的损失。

（1）企业规章制度的制定、修改必须遵循《劳动法》的民主程序，必须向劳动者公示，内容必须符合法律规定。如果公司忽略这一点，规章制度将不能作为企业用工管理的依据，企业还会面临职工随时要求解除劳动合同并提出经济补偿的风险。所以企业需要保留职代会或者全体职工讨论和协商规章制度的书面证据、员工手册签收记录、规章制度培训签到记录、规章制度考试试卷等文档作为证据。

（2）招聘员工必须要先签订劳动合同，最迟必须在用工之日起一个月内订立书面劳动合同；劳动合同终止后劳动者仍在用人单位继续工作的，也应当在一个月内订立合同。劳动者拒不签订合同的，应保留向劳动者送达要求签订合同通知书等相关证据，以免劳动者不愿与企业签订书面合同又事后要求企业支付双倍工资的风险。

（3）员工符合订立无固定期限劳动合同情形的，需要尊重员工的选择，按其意愿订立无固定期限劳动合同。在订立合同时可书面征询员工意见，若其要求订立固定期限劳动合同的，用人单位应保留员工同意的书面证据，避免事后员工以应订而未订无固定期限劳动合同为由要求用人单位支付两倍工资。

（4）高级管理人员、高级技术人员和其他负有保密义务的人员，为了避免出现在离职后到其他用人单位或自己开办公司从事竞业限制业务，造成企业客户流失、知识产权被侵害、生产经营受损的局面，需要约定保守商业秘密和与知识产权相关的保密事项，并同时签订竞业限制条款，明确竞业限制的范围、地域和期限。同时还必须注意竞业限制期限不得超过两年，在解除或终止劳动合同后，在竞业限制期限内应按月给予劳动者经济补偿，否则可能导致竞业限制条款不具有约束力。

（5）企业安排员工加班工作，应支付加班工资。对由于工作性质、工作岗位的特点需要实行不定时工作制和综合计算工时工作制的员工，需要及时申请劳动行政部门依法审批。同时注意保留经员工确认的考勤记录，以免在对加班事实发生争议时出现举证困难。

（6）如果企业安排职工休年休假，但员工不愿休假的，建议以书面形式通知职工休假，并要求职工以书面形式对是否休假、何时休假予以确认，以避免发生争议时不能举证。

（7）企业与员工变更劳动合同约定的工作岗位、工资报酬等内容时，需要通过书面劳动合同、工资单、岗位变化通知书等书面形式将变更内容予以文字记载，并经员工确认，以免发生纠纷时举证困难。企业可以依据规章制度的规定或与员工的约定调整其工作岗位或薪酬。企业的规章制度或劳动合同中，对工作岗位、劳动报酬变更的情形做出规定或约定，以便发生争议时对调整员工工作岗位和工资报酬的合法性和合理性能承担举证责任。

（8）企业在试用期内对劳动者有单方解除权，为确保正确行使权力，建议把好招聘关，明确界定录用条件并通过发送聘用函、在劳动合同中约定、在规章制度中规定等方式向员工公示录用条件。在试用期内做好考核工作，对不符合录用条件的员工及时解除合同，否则过了试用期将需要支付较高的辞退成本。

（9）企业在员工严重违反规章制度等情况下有单方解除权，为确保正确行使权力，建议企业的规章制度或员工手册中对严重违纪、重大损害等情形做出明确量化的规定，同时注意保留职工严重违纪、对企业造成重大损害和严重影响的事实依据，以便发生争议时举证。

（10）企业与员工解除劳动合同或劳动合同终止时，应按照法律规定的情形及程序解除或终止，并应当依法及时向劳动者支付经济补偿，需要遵守该项义务，否则将面临加付50%～100%、甚至两倍经济补偿金的惩罚风险。

企业从招聘环节开始，就需要防范招聘环节、试用期间、用工期间、裁员期间的各种风险，有任何法律方面的知识缺失，都有可能为公司带来无妄之灾。公司制企业不但要承担为股东创造利益，让企业不断发展壮大的责任，还必须担负起为员工创造就业而承担的社会责任。大经济环境变化的形势下，很多企业都遇到了经营性的困难，不得不进行减员或者裁员，因为减员而导致的法律风险往往是创业者所忽略的。

2.3.4 公司制组织的员工成本问题

在当下的中国中小企业中，人员成本是一项非常庞大的支出，根据《中国企业社保白皮书 2018》指出，有 53% 的企业人力成本占总成本比重超过 30%，其中有 16.27% 的企业人力成本占总成本比重高达 50% 以上。如果人力成本再继续增加，这意味着企业的成本将继续增加，很多经营本就困难，且利润稀薄的中小企业，或许就将走向亏损和破产的边缘。

《2019 人才流动与薪酬趋势报告》显示，我国各城市间人才争夺战依旧激烈，同时人才薪酬增长放缓，人才流动规模出现下降，企业在招聘中显现更为谨慎的态度。中国企业在增长中回归理性的表现，不再追逐量和资源，而是更注重成本控制和市场流动趋势变化。

2019 年税务机关统征社保费，据测算，当前我国企业社保总费率在 30% 左右，不仅普遍高于发展中国家，而且高于大多数发达国家。假定当前一个制造企业用工成本占总成本的 30%，做到完全依法参保意味着缴费人数和缴费基数的上升，用工成本大约上升 30%，总成本大约上升 10%。

目前，很多企业为了降低人员成本，都在探索更灵活的人力资源方案，如灵活用工、零工经济等，这几年得到了迅猛的发展，通过外包、灵活用工等方式进行组织人力结构关系的调整，降低全职人力成本，起到人力层面的降本增效效果，实现企业产能的提高。

2.3.5 公司制组织复杂架构的管理成本问题

根据《公司法》规定，公司需设立股东大会（股东会）、董事会、监事会等，并根据法律要求完善法人治理结构。由于公司并不由股东直接管理，因此公司制企业的决策效率相对较低，特别是当公司股东较多且产生分歧时更是如此。同时公司设立和解散有严格的法律程序，且手续复杂。

对于股份有限公司而言管理成本更高，公司账目须向社会公开，以便于投资人了解公司情况，股份有限公司需要严格的审计程序，定期合法地披露年报、半年报，甚至季报，工作量繁重，披露所有信息时都需要召开相关的董事会、监事会或股东大会，给企业造成了巨大的压力和负担。

与此同时，由于目前的公司制采用复式记账法，只能记录结果，而无法记录过程，因此出现了一些财务造假的情况。

近年来很多中小企业或者自愿解散公司，或者被责令解散，或者破产清算需要注销，而进入注销程序时，按照相关法律规定，需要在企业注销前，做好财产清算。公司如果是自愿解散，需要工商局先备案、登报、国税局申请注销、地税局申请注销、工商局递交注销资料、银行注销，一般正常的注销流程需要半年左右。

现代公司制度的产生是信息文明时代的产物，这些局限性是现有信息文明以及现有公司制度下无法解决的问题。随着基于区块链为基础的，在人工智能、基因、新材料、新能源等先进生产力基础上的新的文明形态的产生，区块链、人工智能、大数据、云计算和机器人等为代表的现代科学技术的发展延伸了人类物理边界和人类知识边界，必然导致生产关系、生产方式、生产资料的巨大改变，并将建立与之配套的生产关系，清除阻碍新技术发展的生产关系。

现代公司制度作为生产关系的核心，责无旁贷地成为实践现代科学技术发展的载体。现代科学技术发展的无限延伸必然会冲破现代公司制组织形式的局限性，而社群制则将替代公司制，是公司制改革的演进方向。

第3章

社群制组织

近年来，社群成为互联网的高频词，社群经营、社群营销、粉丝经济、粉丝社群等，是大部分听到社群就会出现的惯性思维。而社群经营、社群营销这些都是围绕企业在经营、产品销售过程中的营销方式，而围绕企业在组织、生产、管理、激励和分配等环节的社群制组织很少被提及或探讨，而在本书中，主要介绍社群制组织及其如何替代公司制组织，完成生产、管理、激励、分配、营销等全过程的生产运营活动。

3.1　社群制组织的概念

社区（community）最初是社会学与地理学领域的概念，社区主要是区域和位置为核心区隔的群体，多强调的是空间因素。社群是指现实或虚拟生活中的共同体和社会关系，强调群体之间的互动。出现了互联网后，有了虚拟社区（virtual community），人们通过网络等工具，突破了空间限制，彼此交流沟通形成了基于新的关系网络。

社群是基于社区发展而来，与社区相比更突出群体交流、分工协作和兴趣相近，更强调群体和个体之间的交互关系，超越了位置的限制和区隔。社群成员之间有一致的行为目标、规范或愿景，并且通过不断交互而形成较强的社群纽带。社群强调的是共识，其突破时间和空间，更强调社交属性的人际沟通关系，在传统互联网和区块链时代尤为明显。

社群制组织是基于分布式管理，组织成员来自社群，在共同价值观的引导和激励分配机制下，为了共同的目标和追求聚集在一起，分工协作、相互协同，共同完成短期或长期任务而形成的组织形态，成员为非雇佣制、自愿参与、自由退出，社群制组织的成员包括领导者、追随者和跟随者，如图 3.1 所示。

3.2　社群制组织在不同时期的演进

社群制组织自古就有，并不是某个时代的产物，而是随着人类科学技术的进步，不断演化和完善，弥补和解决了之前无法解决的问题，进而不断升级迭代。例如，以前的社群制组织管理沟通只能通过面对面的线下方式开会，人们无法打电话，也没有网络，只能面对面沟通；PC 互联网和移动互联网产生后，社群制组织的群组沟通可以通过微信群、QQ 群、论坛、电报群等网络工具实现；随着区块链的发展，社群制组织可以通过分布式记账、共享账本、智能合约、共识和通证激励等，在无人干预和管理的情况下自主运行。

图 3.1　社群制组织成员

社群制组织的商业经营案例是稻盛和夫创立的阿米巴组织，其将组织分成若干小集体，通过与市场直接挂钩的独立核算制进行运营，培养具有经营者意识的人才，让全体员工参与经营管理，从而实现全员参与的经营模式。每个阿米巴组织都需要做到自我分布式管理，每个人都主动参与，可以根据自己的目标，规划和发展未来，也能够灵活自主地根据市场情况做出相应的反应和处理。阿米巴组织的目的在于减少公司制企业的交易成本，实现团队激励和团队分配等公司制组织最难的环节。根据要解决的不同问题，各家采用阿米巴组织的公司，又建立了不同性质和类型的阿米巴组织，如预算型组织、成本型组织、利润型组织和资本型组织。

在信息互联网时代，尤其是 PC 互联网时代，BBS 论坛、微信群、QQ 群、SNS、公众号、微博、QQ 兴趣部落等都成为社群制组织的生存平台，社群制组织越来越多样化，尤其是互联网早期的BBS 论坛就是自发型社群制组织的集群平台。例如，专业的程序员社区 CSDN、天涯社区、SP 论坛等各种各样的垂直行业社区，无数的自发型社群制组织依附在论坛社区的平台上，进行内容的交流和分享。

在信息互联网时代，社群成员并不依存在同一个固定的社区平台上，他们可以是散布在各个平台之内的独立个体，被同一个信仰统一体连接集中在一起，然后在各个社群工具之间来回交叉互动形成一个松散型的社区。社群和社区一直都是相互依存的关系，过去的社群都是形成于一个个独立的社区平台之上，借助平台的影响力寻找到志同道合的朋友，并以此形成自发型的社群。随着社交工具的日趋多元，社群开始从一个独立的社区内走向了整个互联网，从一个社区下的社群变成了一个社群化的社区。

信息互联网时代的社群制组织还包括目前各种分享经济模式下的尝试。分享经济模式下的社群制组织以社会化平台网络为核心，基于一个共同的目标，将社会上分散的闲置资源，通过平台重新聚集或者复用，构建出新的供需匹配，从而实现经济与社会价值创新的新形态。

例如，滴滴出行的司机小哥，美团的外卖小哥，接单的速递小哥，河狸家的美甲眉睫等各种手艺人，都是基于对企业平台有价值观趋同，能够互助互利，情感有归属，以及合伙创业特征的分布式组织形态。这些成员可以自愿参与、自由退出，司机师傅可以选择兼职接单或者不再接单，可以选择滴滴出行平台或者神州租车平台；有的人可能接孩子的路上顺便做一下速递小哥；河狸家的手艺人们也可以选择实体店而不在平台接单等。他们都不是公司制企业的雇员，企业不需要为他们支付固定的工资报酬，而是基于事先约定的分配规则完成合作和交易，这是基于传统互联网的企业平台形成的社群制组织。

在区块链的世界里，由于区块链等相关技术的出现，社群制组织演进成新的形式，即去信任、协同开放、大规模、分布式的社群制组织。这种组织最典型的案例就是分布式自治组织（distributed autonomous organization，DAO），最成功的 DAO 就是比特币社区，比特币社区没有公司、没有雇员、没有融资，支付手段为比特币，劳动者即挖矿者的报酬就是比特币，而顾客就是比特币的用户。

根据福布斯全球 2000 强排行榜，截至 2019 年 5 月 5 日，苹果公司是最大的公司，市值为 9613 亿美元；紧随其后的是微软公司和亚马逊公司，市值分别为9465亿美元和9161亿美元。截至2019年7月30日，比特币总市值为1690亿美元，介于汇丰集团（1755亿美元）和花旗集团（1611亿美元）之间。如果比特币是一家公司，比特币将在福布斯榜单上排名第50位。

比特币社区展示了区块链世界DAO是如何运转的，它揭开了区块链世界的一角，让自由、开放、共享的光照亮了传统的互联网世界，让传统的各行各业都可以通过区块链技术、智能合约、共识和通证激励等组合拳对原来的业务进行区块链化改造，这一过程也被称为链改。

总而言之，社群制组织在不同的历史时期，会根据科学技术的发展和进步，建立起适应当时的沟通机制、互信机制、协作机制和激励机制，以更好地维系组织的生存与发展、拓展与延续。

3.3　上方的社群制组织实践

2000年，秋水提出了崭新的互联网理论，并以此作为当时公司的企业文化，如图3.2所示。

之后紫上2002年8月创业建立SP论坛，2002年12月1日上线，到2004年8月成为行业最火爆的无线增值论坛，整整一年半的时间里只有一个人是全职成员，除此之外是几十人的版主团队，

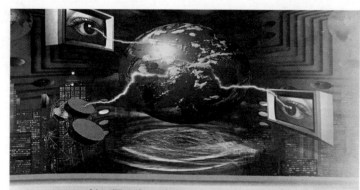

图 3.2　秋水于 2000 年提出的互联网理论

以及各种志愿者和服务者。当时 SP 论坛没有员工、房租、服务器、机房和 IP 资源；SP 论坛上每天有几十万的行业用户成长和学习，寻找合作机会，拓展人脉，获取资讯，奉献资源，获得包括"苹果"

积分等回报，大家深度交互交流，自主参与，不断自发传播和分享，社群里的每个成员都在 SP 论坛中实现自己的价值和情感归属，发挥自己的自主性和创造力。

上方从 2005 年开始尝试在家办公，有一半的成员分布在全国 20 多个城市，成为一家领先的云办公企业，比 2020 年企业大规模的云办公模式早了十几年。

上方进入区块链世界后，做了几次分布式社群制组织活动的尝试。2018 年 3 月 14 日，TokenSky 区块链大会在韩国首尔召开，这次大会采用分布式的管理方式，建立了全球 24 个分布式节点，是当时规模较大的数字经济和区块链行业大会，汇聚了数以万计的全球区块链行业从业者。TokenSky 首尔站宣传如图 3.3 所示。

图 3.3　TokenSky 首尔站宣传

2018 年 7 月 4—5 日，在日本成功地召开了 TokenSky 区块链大会东京站，这次大会由日本节点主导，参会的 5000 多人有 80% 都来自日本、美国等海外专业人士，大会的内容鲜活生动，再次引起了巨大的轰动。

目前 TokenSky 社群在全球范围内，以分布式的方式建立了丰满的生态组织，拥有线下大会展览、线上媒体社区和推广平台，BQPAY 币银钱包 、BQOPEN 开放平台、DaoGame、上方星球资源平台等支持传统行业和社群的全套技术解决方案和成熟的产品。依托 TokenSky 链上生态服务及开放平台，上方针对行业内企业的痛点问题，帮助传统产业链改项目全球化落地，并提供全生命周期的服务与解决方案。帮助优质项目构建社群化自治生态，资产数字化，实施全球化落地，帮助优秀项目融资，解决数字资产流通性，并提供全生命周期的服务与解决方案。

3.4　社群制组织的特点

通过对不同时期社群制组织的研究，无论是早期的社群还是区块链时代的链组织，都有一些共性和特点。

（1）基于分布式管理。

（2）基于核心的价值观，追求共同的目标。

（3）成员非雇佣制，自愿参与，自由退出。

（4）有领导者、追随者和跟随者。

3.4.1 基于分布式管理

分布式的群组管理是社群管理的基础，一群平凡的个体也可能拥有非凡的见解和智慧，甚至比群体中最聪明的个体更为出色。

1. 古老的分布式自我管理

蜜蜂社群中有蜂王、雄蜂和工蜂。蜂王的任务是产卵，雄蜂的任务是和蜂王交配繁殖后代，工蜂的任务是采集食物、哺育幼虫、以浆倾巢、保巢攻敌等。

蚂蚁社群也一样，有蚁后、雄蚁、工蚁、兵蚁的分工。工蚁中有巡逻蚁、护卫蚁、卫生蚁、觅食蚁；而兵蚁平时的作用是粉碎坚硬食物，在遇到威胁时进行战斗。每种蚂蚁各司其职，相互依存和合作。

每个小蜜蜂都是独立的个体，单独行动，搜集或采集食物，汇集到一起时不断调整行动。在这个过程中，没有任何的中央控制，蜂群之间相互独立而又相互协作，而一群群的蜂窝组织就形成了一个庞大的平台，并可以呈几何指数增长。

2. 互联网的分布式群组管理

在信息互联网时代，分布式管理的组织管理和沟通方式就变成了网络工具。社群成员可以通过即时网络通信工具（如微信群、QQ 群、Telegram 群、论坛 BBS、社交网站等方式）汇集起来，人数根据组织目标的需要数量不一，少的三五人，多的几十人，乃至成百上千人。

分布式管理中，协作不再需要固定的场所，不再需要同一办公场地，可以使用各种协同工具或者办公软件将团队成员连接，接入一个共同的工作场景中。2020 年伊始，很多企业都开始尝试在家办公、远程办公，沟通的方式变成了如企业微信、钉钉、飞书等远程协同办公软件，充分地体验了什么是分布式管理。

分布式管理需要有不同的群组支持，群组与群组之间是开放的，而非封闭的，因此很多成员都会同时出现在多个群组中，贡献自己的智慧和分享自己的想法。每个特定的项目都由专人负责，群组成员一般都会同时横跨多个项目组，人才重复使用、多重互动，项目完成后，群组可以解散。这些分布式群组就像一个个的蜂窝组织一样，可以不断扩展和延伸，形成指数型成长的社群生态。

蜂窝群组中的每个人都像变形金刚一样，出现在不同的蜂窝组织中，每个团队成员的身份都可能随时变化，在这个蜂窝中的身份是负责人，在另一个蜂窝中的身份可能是团队成员。在行政级别上，大家对外都有一个头衔或职位，但是在公司制组织内部，头衔经常会隐退，真正的"领导者"将在这样的组织结构中自动显身，这个人就是团队中提供资源和支持最多的人。

人员重复使用，每个人都身兼数职，不仅可以让每个人都保持信息对称，沟通中消除隔阂和障碍，还可以让每个人多了解一个崭新的领域，保持对外界信息的敏感，快速成长，灵活调整，快速迭代，最后达成团队和企业共同成长的双赢局面。

与以往的公司制的金字塔组织比较，分布式群组沟通让工作更透明、更高效，遇到问题也不是一个人在解决问题，可以借助其他成员的力量，帮助分析问题、解决问题，分布式群组可以让人们在独立思考与借力之间寻找一个趋向于正确而理性的结果。

3.4.2 基于核心的价值观，追求共同的目标

每个组织的存在都是有原因的，无论是公司制组织还是社群制组织，这个组织为什么而存在？要解决什么样的问题？对于公司制组织来说，一般都会有愿景，社群制组织的核心价值观类似于企业的愿景，但又高于企业的愿景。由于社群制组织的成员来自社群，自愿参与，自由退出。这不同于招聘制企业，社群制组织对于社群成员没有强制性和行政约束，所以一个社群制组织的核心价值观就尤为重要。它需要得到社群成员的认同，才能够转化成成员强大的归属感，团队的每个成员都渴望在组织中实现自己的价值和情感归属，发挥自己的自主性和创造力。

社群制组织的核心价值观是组织对自身长远发展、终极目标的规划和描述，是开创性的目标或前瞻性的计划，是组织一段时期内的发展方向。为组织制定一个明确的、振奋人心的、可实现的核心价值观，对凝聚社群成员、指引组织发展方向，以及推动组织长远发展，其重要性更为显著。

有些社群制组织的核心价值观是挣钱及获得财富自由，这样的价值观对于社群早期发展的追随者和跟随者极具吸引力，尤其在经济下行的情况下，能够获得挣钱和投资的机会，是很多社群发展的核心动力。但是用金钱激发人斗志的社群，一旦没有了财富效应，社群成员也就不会有忠诚，分分钟都会离社群而去。

解决了社群为什么存在及社群的核心价值观问题，社群制组织还需要有共同的阶段目标，有了阶段目标才能让社群制组织保持高度活跃，爆发强大生产力。由于没有了公司制组织的部门等框架，以及行政化的束缚和约束，因此社群成员可以像变形金刚一样，完全可以重复用，随时变化，随时组建，任务结束时组织可以随时解散。社群成员很多人都是斜杠青年身兼数职，同时跨界具备多种才华和能力，每个人都可以像变形金刚一样随时随地地组建新团队，或者组建虚拟任务小组，完成新的阶段性任务。

3.4.3　成员非雇佣制，自愿参与，自由退出

社群制组织内部的每个人均拥有相对独立的决策权。团队成

员从被动的雇佣关系转变为主动的合作关系，从给人打工者变成合伙人，由公司制的制度驱动、责任驱动转变为社群制的兴趣驱动、自我实现驱动。甚至很多社群成员还需要自备计算机、工具、网络、花费时间和精力，才能加入一个社群。

例如，美甲美睫的手艺人可以自愿加入河狸家，成为河狸家组织的一员，通过平台接单获得收益，而河狸家无须支付雇佣手艺人的固定工资，而是通过约定的规则分配收益。这些手艺人都可以自己做自己的老板，自由安排时间，按需求上门服务，通过劳动获得报酬。

在信息互联网或者传统互联网的社群制组织，公司是有一定的框架和边界的，而社群成员大多来自平台或公司的外部，他们加入社群制组织也会有一些仪式和规则，这些社群成员包括顾问、专家、合作伙伴、自由职业者、外包、众包或者兼职等成员。这些平台和组织是开放的，社群制组织大大扩充了企业的边界，形成了早期的自治组织。

而在区块链世界里，链组织将不再有严格的公司内部雇佣员工和外部成员的区别，很多社群成员为社群创造、传播、分享、转发，付出的时间、经历、金钱和热诚远比雇佣成员要多得多，因此链组织可以真正发展成为无边界的自治组织，支持数百万人乃至数千万人的协同。

3.4.4　有领导者、追随者和跟随者

每个社群制组织都由领导者、追随者和跟随者组成，如图 3.4 所示。

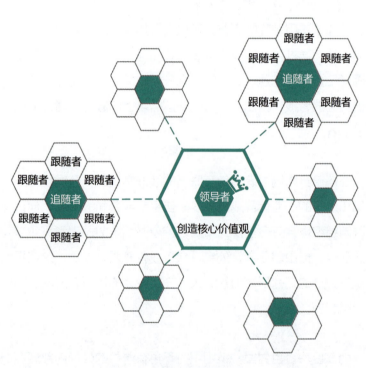

图 3.4　社群制组织结构图

1. 领导者

社群的领导者是一个社群的灵魂和源头，是创造社群核心价值观的人，领导者决定了社群的价值观、社群规则、社群价值、社群

方向、社群目标，领导者可以给社群以领导力、凝聚力、推动力、决策力、影响力以及行动力。领导者一般具备专业性的知识和理念，有大局观、有高度、有空间、有远见，可以带领社群不断地学习提高认知，并调整、改变、更新观念，及时给予社群所想要的指导和帮助。社群领导者需要有大局观和战略眼光、有诚信和信用，能够舍弃自己部分的利益，优先为他人创造价值。社群成员会本能地希望领导者表现出他们所不具备的高尚品格，希望领导者身上的集体理想可以取代自我理想。

2. 追随者

追随者是社群制组织里比较积极的成员，追随者或者因为资源能力互补优势；或者因为利益共赢所驱动；或者相信社群领导者的魅力和品质，值得自己的信任；或者相信信众有独特的专业能力，可以带领社群走向更大的成功，而自己在社群走向成功的过程中，可以获得收益、成长、机会和更丰满的人生。

追随者可以在社群制组织中得到一定的身份、位置、资源，可以成为社群制组织中的核心团队。追随者会付出时间、精力、能力和资源，呼应、落实、执行社群领导者的主张，带动和发挥整个社群的能量，推动社群不断从小变大，不断裂变增强。他们是推动社群制组织发展的主要力量，是社群需要激励和引导，发挥其主观能动性的主要成员。在社群中可以随时组建新团队、虚拟任务小组，完成阶段性任务的大部分成员都是社群的追随者。

3. 跟随者

跟随者是一个社群制组织中不可或缺的部分，他们可能大部分时间是用户，但是在适当的条件下转化成追随者或者客户，客户是为社群、产品或服务买单的人。跟随者可能在社群制组织的外围地带，会观察和观望一个社群制组织的发展，在没有受到影响并确信的情况下，一般不会付出太多的时间精力为社群做事情。跟随者是一个社群需要不断传播、分享、宣传和影响的群体，争取到了跟随者，社群才有源源不断的追随者和客户，才有成长和发展的后续力量。

跟随者有时是无意识的集体，像《乌合之众》一书中的大众一样，很容易被影响，个人一旦给大家都信服的领导者或者社群戴了光环，就很容易轻视自己的智商和判断，即使在没有任何外力强制的情况下，他也会情愿让群体的精神代替自己的精神，然后个性便会被湮没，群体的思想很容易占据统治地位。很多时候跟随者追求和相信的不是理性，而是盲从、偏执和狂热，简单而极端的感情。

除了以上总结的社群制组织的四个特性外，区块链时代的链组织还有很多不同于传统社群的优势，将会在本书 7.5 节详细阐述。

3.5 公司制组织与社群制组织的区别

通过对比公司制组织和社群制组织的特点，如表 3.1 所示，可以清晰地判断出这两者之间的不同。

表3.1 公司制组织和社群制组织的不同特点

项目	公司制组织	社群制组织
股东	一般都有控股股东、大股东，掌握话语权、投票权、决策权，大股东利益成为企业的关键利益	有的社群可能有公司，社群领导者就是公司的股东；有的一半是公司，一半是社群属性；有的完全没有公司存在
领导者	领导者按股权比例说话，一旦控股权丧失，则领导者没有话语权，同时领导者需要承受资本对赌协议，回购股份等风险，需要为大股东利益、员工利益负责	领导者是社群的灵魂，不以股份多少来树立领导者的价值，领导者强调价值观、使命、责任、共识，没有资本对赌和大股东回购等风险
资本来源	股东、资本、机构投资等	市场销售收入、消费者即投资者、成员入股、众筹、自有资金等
价值分配	投资股东利益最大，价值分配优先；为了保持企业管理者的创业动力，一般都让创业者担任大股东	按能力、责任、贡献、工作态度、可持续性贡献、突出才能、品德和所承担的风险等
成员	雇佣制，8小时工作，加班需加班费，节假日需双倍到三倍工资；辞退、解约、不续签都需补偿	成员是基于相同的价值观和目标走到一起的，自愿加入、自愿退出；即使被雇佣也非传统公司制的雇佣
领导者和员工的关系	管理者与被管理者的利益关系，通过支付工资等成本，可指挥员工做事，但是需要不断调动员工的积极性，照顾员工情绪	基于共同价值观和目标的共赢关系，需要协商或达成共识，不能直接指挥，一旦达成共识，社群成员都是自燃型的，随时可能都有成员在做贡献
成本	工资、社保、公积金等福利成本较高	市场价格或协议，交易成本低
用工风险	基于《劳动法》，用工风险较大	基于共识，风险较小
规模	组织结构庞大，转型困难	组织结构灵活，转型速度快

项目	公司制组织	社群制组织
组织结构	多半是金字塔结构，有部分转型扁平化结构，但是信息不对称、管理层次依然清晰明显	分布式结构，多中心化，信息充分对称保持同步，是社群有核心凝聚力的关键
办公条件	集中式，需要有固定办公场所，配备计算机、桌子、椅子，有餐补、交通补助等福利	分布式，分布在全球各地、云端、网上、链上，成员自行解决办公设备及环境问题
客户或合作伙伴	客户即买单的消费者，客户利益和股东利益是相悖的	客户往往是社群的一个组成部分，客户利益即股东利益，客户也是合作伙伴
创业失败风险	如果创业失败，创业者要承担最大风险，公司的官司可能会让自然人成为失信执行人	自然人承担自然人的法律责任
公司或组织价值	利润、现金流量表、企业市值及规模	社群制组织人数的共识及认同，价值往往无法衡量
监管机构	董事会、监事会、工商、税务、社会保险管理机构、券商、证券交易所、证监会、法律部门等	社群成员、相关法律部门
出路	无溢价低价收购，溢价收购需完成业绩对赌，一般需要财务审计等；寻求独立 IPO，需要审计券商年报公告；公司经营不善，最终注销清算破产等	不断发展壮大，成员可以获得一定的经济回报及组织权利回报，不断创造新的社群价值；或者业务失败，社群失去价值和影响力，社群成员退出

通过以上的对比，了解公司制组织和社群制组织的基本区别，在两个组织未来的出路方面，有限责任公司变成股份有限公司，寻求独立 IPO 是公司制组织最好的出路之一，但是却是一座独木桥。

目前大部分的大型互联网公司的注册地都不在境内，都把公司总部注册在几个离岸胜地，包括开曼、BVI、百慕大等，如腾讯、阿里、百度、美团、京东等。注册在海外的企业巨头们，他们的资产都不是人民币资产，而都是美元资产，这种 VIE 架构的特点：更自由，让企业焕发了生机，让更多的员工获得期权的同时提高了生产效率，这是一个非常重要的变化。在中国互联网 20 年的发展中，互联网头部企业大部分都是 VIE 架构的公司。

而注册在国内的大型互联网公司较少，只有 360、乐视、暴风集团等，而目前乐视和暴风遇到较大的危机，360 的大股东质押了 100% 的股票。A 股上市公司目前遇到很多困难，中国的民营中小企业更是不易。中国目前大部分的企业都是中小企业，承担了全国 80% 的就业、60% 以上的 GDP 和 50% 以上的税收。同时，中小企业创业者的压力非常巨大，既要承担着还银行贷款、投资人投资要求回报的压力，还要承担房租、社保、公积金、加班费等支出，为了让公司保持现金流，还需要不断进行业务转型、产品升级。

在 2017 年我们出版过《云管理 2.0》一书，系统分享了如何在家办公、远程办公等很多实用的内容，2020 年伊始，很多企业都开始了远程办公的尝试，使得云办公这件事成为企业的常态，这也恰好说明企业家只有不断适应新兴技术革命，前瞻性地调整企业组织结构和管理模式，不断借助更先进的技术和思想，跟随潮流、顺应大势，才能持续创业基因，并使企业立于不败之地。

公司制转型到社群制，不仅能马上帮助部分中小企业解决成本高居不下的问题，减少工资支出、运营成本支出、员工通勤时间、房租支出等看得见的硬性成本，也是未来公司制转型链组织的必由之路。

3.6 公司制组织转型社群制组织的方式

目前现实世界、网上世界和链世界三个世界正在混合交融，公司制和社群制将会长期共存，尤其是越来越多的企业呈现出明显的社群化特质，很多企业开始不断向社群化组织靠拢。有很多组织一部分是公司制，人数限定在极少范围内；一部分呈现社群化的特征，可以通过平台组织提供共享服务、租赁服务，或者全球建立节点社群运营、社群营销、生态建设，让企业组织逐步过渡成为无边界的社群自治组织。

3.6.1 公司内部创业，变雇佣制为合伙人制

互联网让员工的个体价值变得越来越强大，没有人愿意被固化在传统雇佣关系中，越来越多的员工不希望陷入一种雇佣关系中。但是互联网时代的信息、知识和资源共享，使个人的专业能力和获取资源的能力得到极大提升。每个人都可以通过互联网搜索或使用自己想要获取的知识和资源。在这种社会背景下，个体就有了很大的机会来表现他的能力，展现他的创造价值。此时的员工个体

不太需要依附于某个组织，反而可以通过发挥他自己的能力为组织做贡献，以此获得组织的认同。个体价值在互联网时代开始觉醒并崛起。对于组织的影响主要体现在个人能力和获取资源能力得到极大提升的互联网时代，组织内的个人则更加希望突破组织束缚，实现自我价值。员工渴望从执行者变为领导者的愿望在互联网时代被放大。

公司制企业要顺应历史的机遇，要改变分配制度，把员工变为合伙人。社群制组织并不是没有公司存在，公司依然存在，且是坚强的内核，但是其本质和内核已经变化了，如果不了解公司制组织和社群制组织的区别，很难从中看到根本的改变。

公司制组织转型社群制组织的方式如图 3.5 所示。

图 3.5　公司制组织转型社群制组织的方式

1. 公司内部创业

从公司制组织转型变成社群制组织，第一步就要精简，减少公司雇佣制的员工数量，精简到最少的人数，把纯粹是打工的、雇佣的人才拿掉，留下来能够和公司共同承担风险的核心成员，这部分人员和创业者是合作关系、创业关系乃至合伙人，是和创业者一样不拿工资或者拿很少的工资，能够一起承担风险的成员。

在公司内部启动独立创业机制，内部创业的团队需要单独核算成本，双方确定动作规则，共同承担风险，分享经济收益，独立创业的个体及团队可以获得组织权力以及经济利益。企业和员工之间不再是简单的雇佣关系、打工关系，而会变成合作关系、创业关系乃至合伙人关系。

要让员工从雇佣员工制成为企业的合伙人，如果企业是早期的创业企业，设计分配给创始员工的股份或者期权可以基于对方的资源，如资本入股、技术入股或者能力入股，这些资源的估值决定了合伙人的占股比例。对于投入真金白银的资本入股，员工是为自己理想的项目做投资，会共担风险，也比较珍惜，会把自己等同于企业的主人。而以技术入股或者能力入股的股份，由于没有投入真金白银，所以很多人不会共担风险，分配设计需要约定对方的服务期限及完成目标等，如果不能按约定履行义务，则股份需相应减少或转移。

阿米巴组织的独立核算、独立运营、自负盈亏，以及海尔公司的内部创业就是这样的模式。用户需求的快速变化，使得管理

层次多、管理幅度小、权利集中的传统企业的组织结构已显得笨重
而缺乏灵活性，越来越不适应复杂多变的外部运行环境，难以满足
新形势下企业持续发展的需要，因此柔性的、有机的组织结构成为
新的发展趋势。

2. 跟随公司转型社群制组织

一旦公司决定转型社群制组织，要确定组织的任务、接纳企业
价值观、明确共同目标以及服从组织利益分配原则等，会有一些成
员和领导者达成共识，他们相信并愿意跟随领导者，拥抱新的潮流
和变化，也愿意不断锻炼自己的能力，增长见识和知识，用自己的
资源、禀赋、能力，共同打造新的社群型组织。

跟随公司转型社群制组织的团队成员，根据其能力、责任、
工作态度、可持续性贡献、突出才能、品德和所承担的风险来分配
组织权力和经济利益。

3. 停薪留职

对于不想公司内部创业，也不愿意跟随公司转型社群制组织的
员工，更不愿意直接辞职的员工，可以停薪留职。他们可以选择到
其他公司继续旱涝保收。等到公司有了新的发展，新的形势和未来
再做决定。

4. 辞退或离职

有的员工会在公司转型期主动离职，主动离职的成员是放弃

补偿金的成员,他们是公司的朋友,未来还可能是社群制组织的成员,如果他们有难处和需求,有余力的情况下组织都应该给以支持。

既不愿意主动离职,也不愿意停薪留职,更不愿意和公司承担风险的员工,是最早应该辞退的,也是最容易让公司承担法律风险的人,尤其需要创业者注意妥善解决、防范风险。

3.6.2　连接更多的人才资源,汇集超级个体

1. 互联网工作法——找、抄、改

开放与共享是互联网的根本理念,互联网上开放的资源是全球的、免费的、共享的。一家企业内部的能力和资源是有限的,也不一定是最好的。

因此,"找、抄、改"成为互联网企业成长的利器。找是在互联网上搜索专业的技术和人才、最有价值的资源;抄是站在巨人、前人的肩膀上,快速学习已经成熟的结果;改是根据规律注入方法,使产品和平台充满灵气和永恒的生命力。

在互联网范围内寻找选择最优秀的人,他们或许有过类似经验,或许已经开发过类似的模型或者成熟的产品。找到这样的原型之后,在此基础上按照要求增加相应的功能和模块,注入创新思想和灵魂,就形成了适合各家公司的微创新产品。

着手创建在公司体制内和体制外的社群制组织，积聚价值观相近、资源可以互补、能力和禀赋相互补缺的人，也可以利用共享平台解决高精尖人才短缺的问题。大量的全职员工会造成人力资源成本增加，同时也限制了人才的范围。不管多大的企业，人数总是有限的。同时，这种按时间付费的模式缺乏有效的激励机制。

2. 分享经济的新业态释放了云端人才的能力

目前，中国正在兴起大量的自由职业者、独立工作者、灵活用工以及零工经济，社会的基本结构从"公司 + 员工"变成了"平台 + 个人"。每个人都将冲破传统枷锁的束缚，获得重生的机会。很多人的身份也从以前的单一身份变成了多重身份，变成斜杠青年，他们的时间可以自己掌控，每个人都可以成为属于一个或者多个平台组织上的云端人才。

类似滴滴供需的模式确实会颠覆未来的企业雇工方式，家政服务的58同城、E家洁，上门美业的河狸家，提供知识分享服务的在行，乃至提供手语翻译的声活，都是这样一端由客户发出具体需求，另一端由云端人才提供服务的分享模式。

在这样的平台上，每个人都在云端，都有可能成为节点，成为路由器。同时客户和客户之间、用户和用户之间的连接都可能再次成为供需和资源分享关系，产生更多的订单或者机会，创造更多的商业价值。这些能够提供技能和知识的人才不是按照 8 小时工作的

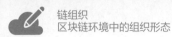
全职员工，而是按照数量、条数，或者按任务量、效果计费的人才，未来会有越来越多的人开始从事这样的新工作，分享经济的新业态，有效地释放了云端人才的能力。

找到或连接能帮助解决问题的人一起完成任务，实现客户价值，再共同获得和分配收益；组织的激励模式也从原来传统的、单一的按小时付费变成了按结果、按任务量或按成效付费。只要能够给别人分配足够的利益或产生足够的吸引力，就可以拥有几乎是无限的人才。

例如，新教育的技术服务提供商小鹅通，就是非常典型的汇集超级个体的平台。通过提供 SaaS 服务平台，让更多的机构和个人使用小鹅通建立了自己的知识课堂，并在知识课堂邀请更多嘉宾做分享、组织、创作和提供直播、视频、教程等内容，获得的收入由多方共享。小鹅通的合作机构和个人需要支付平台的年服务费，还要不断通过努力创造和制作平台内容，获得各种收益后和小鹅通平台进行分成。通过这样的平台，小鹅通几乎可以汇集国内最优秀的内容提供商，连接无限的优秀人才。

企业有了自己的社群制组织后，除了常规的人力资源可以由固定岗位提供，其他涉及的人力资源可以跨部门组队，直接对接社群资源、外包、众包、任务外包平台、供应商及企业服务等。其成员可以来自公司的核心成员，也可以来自社群制组织成员，包括合作伙伴、自由职业者、外包、众包或者兼职等。其精神实质是开放的，是在一个开放的社群体系下诞生的。

3. 增加灵活用工和共享员工

2020 年共享员工的概念深入人心，新冠肺炎疫情期间，催生出了"共享员工"的新模式。一方面盒马鲜生的员工人数不够，另一方面餐饮行业无法开业，员工无法上岗，因此盒马鲜生和餐饮企业一起想了个办法——员工共享，让闲置的餐饮企业员工暂时到盒马鲜生工作。西贝餐饮集团有 1000 多名上海员工支援盒马鲜生工作，站上他们临时的工作岗位。随后沃尔玛、京东、阿里、苏宁、联想等巨头相继跟进，推出共享员工。

共享员工的两个核心理念是"使用而不占有"和"不使用即浪费"，本质是整合闲散出来的劳动力资源，让人们公平享有社会资源，各自以不同的方式付出和收益，共同获得经济红利。将社会海量、分散、闲置资源，平台化、协同化的集聚、复用与供需匹配，从而实现经济和社会价值创新的新形态。

共享员工是共享经济的一种形式，共享经济在产权特征方面是所有权和使用权的分离；资源特征表现为资源配置，特别是闲置资源得到优化配置，在运行特征方面主要还是以"网络 + 平台"为主，其消费特征是协同消费；分配特征体现在更加兼顾效率和公平的初次分配；文化特征体现在不求所有，但求所用。换个角度说，共享经济是把社会闲置的服务能力分享出来、共享出去，把每个企业、每个个人拥有的生产力能够放到云端，给需要这个能力的人们共享。

更多的云端人才变成企业组织成员的一部分，按照既定的规则完成不同的目标和任务，企业会升级为平台化企业，无边界的组织就会形成。

2017 年出版的《云管理 2.0》一书对于企业云办公、远程办公有非常细致的描述。企业的云办公、组织的无边界都有助于企业完成从公司制到社群制的转型，形成"小公司大组织"，社群的、柔性的、有机的组织结构成为新的发展趋势。"公司制 + 社群制"大大扩充了社群制组织边界，形成了对接外部的"无组织的自组织"，乃至"无边界的组织"。

3.6.3 优化股东结构，避免被资本胁迫

不管是任正非的员工持股、张瑞敏的集体企业、宗庆后的家族持股，还是阿里巴巴的合伙人制度、小米的 AB 股，尽管企业的治理形态不一，但共同特点是公司治理稳定、企业家都完全能自我控制，资本都难以任性起来。这些制度都实现了创始企业家对企业的长期控制，避免因为企业家与资本的矛盾而改变企业的发展战略。

治理稳定的企业未必能产生优秀的企业家，但真正的企业家一定出自不被资本绑架治理的企业。一些发达国家很早就设计出了股权委托、AB 股制度等有利于企业家控制企业的相关制度，近几年国务院也明确"推动完善公司法等法律法规和资本市场相关规则，允许科技企业实行'同股不同权'治理结构"。这些都比较适用于

大型企业或者海外架构企业，也适用于社群制组织的架构中。

对于中小企业，最难的恐怕就是当企业发展处于下行期时，一些股东就扛不住了，纷纷要求大股东（往往都是创业者）回购股份。如果企业家不希望企业清算，还希望能够继续发展下去，那么大股东就要用自有资金回购股份，这无疑让处于下行期的创业企业雪上加霜。

有很多连续创业的企业家，可能每两三年就创立一家企业，上一次创业失败就关掉公司，换一个赛道再重新创业，如果如此操作，优化股东结构就比较简单，重新做一家企业即可。但是对于真正负责任的企业家，他们不愿意随便清算自己创立的企业，因此就要为此买单。

从社群制走向公司制，再从公司制坚定地走向社群制，没有多少人能清楚地看到公司制和社群制的优劣。但是因为大部分的企业家没有了解过社群制的优势，所以他们在业务高速发展时，很容易又变回去。雇佣一大堆效率低的员工，甚至扩建规模，只有在公司业务下滑时，才会想办法节约成本，精简人员，乃至关门清算，重新开始，又来一遍原封不动的公司制企业，走进无解的循环。

以上这些是我们在信息互联网时代所经历过的公司制组织、社群制组织，以及提炼出来的分布式社群制组织的内容。因为认知的局限性，我们无法超越自己的认知，看见更远的未来，在我们不了解区块链之前，我们无从了解马上要进入的区块链时代将会出现一种比普通的社群制组织更先进的组织管理模式——链组织。

它是未来数字社会最基础、最高效、最先进的组织生态，未来将会颠覆掉现有的公司制组织，替代信息互联网世界的社群制组织，重构商业社会和组织形态。可以支撑几百万的人类大规模协作，这是对 400 多年公司制组织真正的颠覆性变革，这是每个企业、每位企业家都必须正视的一次组织革命。

第4章

区块链的起源、
发展与未来

04

4.1　传统互联网的制约

人类最早的网络是模拟通信网络，解决了电报的数字交流、电话的语音交流和传真的图像交流，但由于模拟带宽的限制没有巨大的发展。随后数字通信网络实现了基于 TCP／IP 的包交换，从而有了今天无处不在的互联网和移动互联网。最早的互联网，只能进行一些静态信息的交流，之后慢慢有了动态信息、交互式和实时读写。

从电报到电话，从 BP 机到手机，从邮件到 BBS，从 QQ 到微信，无论信息传递的形式如何变化，现代通信、互联网的信息传递，归纳总结有以下三种形式。

（1）信息（message）。信息的存储转发，可以有延时，包括电报、短信、电子邮件、QQ 信息、微信信息、微信语音等。

（2）通信（communication）。实时沟通，信息无延时，可以一对一，或者一对多，包括电话、QQ 通话、微信通话等。

（3）广播（broadcast）。多点投递，包括无线电广播、互联网在线收听等。

互联网 1.0 是建立在 20 世纪 70 年代和 80 年代开发的软件协议组成的，是建立在开放协议之上的，开放协议则依次由学术研究人员和不归属于任何人的国际标准组织定义和维护。互联网 1.0 不属于任何个人和组织，任何人都可以免费使用，今天我们还在使用的电子邮件是基于开放协议 POP、SMTP 和 IMAP，网站仍然使用开放协议 HTTP 服务，比特依然通过互联网的原始开放协议 TCP/IP 传输，互联网 1.0 可以说是"来自人民，为了人民，服务人民"。

到了 20 世纪 90 年代中期以后，互联网很少采用新的开放标准协议，围绕着身份、社区和支付机制，基本都由互联网企业解决，直到 21 世纪初形成了一个强大的互联网服务层，即互联网 2.0。这一层架构在互联网 1.0 之上，实际上是一个集中式的网络结构。

在互联网 1.0 时代，没有一家私营公司拥有定义电子邮件、GPS 或开放网络的协议；但在互联网 2.0 时代，有很多互联网公司拥有能够定义今天的 20 亿人社会身份的数据。互联网 2.0 最重大的缺陷是没有建立一个安全的开放标准在网络上确定人类的身份。人们没有自己的协议，也就没有办法定义和分享自己的真实姓名、位置、兴趣以及和其他网民的关系。

试回想互联网的源头，是当年物理学家们为了突破学术杂志的局限性而建立起来的一个论文共享的平台，而这种浸透了互联网开放共享精神，在通过互联网而实现各种信息、技术、资源共享的虚拟世界中，到处散布着自由骑士一般的共享软件，也随处可见共享音乐、共享文本和共享图片。而时至今日，早已在信息互联网的流氓插件、模仿抄袭、安全监管、数字隐私、封闭网络、寡头垄断等这些不断恶化的问题中不断沦陷。

在传统世界和信息互联网世界，企业普遍认为，如果用户有需求，而企业满足了用户的需求则应该得到回报，用户需要为自己的需求付费。如果能给用户免费，则已经是非常大的福利了，大家普遍还没有意识到用户的需求是稀缺的，而稀缺的东西是值钱的。

事实上，任何人的时间、精力、眼球，甚至是食物的摄取等都是有限的，每个人都只有 7×24 小时。一个人在一个平台上付出了时间，则没有时间花在另外一个平台上。各平台为了获取更多的用户，推出各种优惠和福利，无非是吸引用户将时间花在自己的平台上，在供给过剩的情况下，用户的需求是有价值的。

大量的人群在信息互联网活动，付出了很多的时间、精力和劳动，但这些活动大部分都没有给使用者、分享者带来价值和利益，反而给互联网网站或平台带来了巨大的利润。Google、百度等公司采集和索引网上的内容，然后给用户提供查找服务，而内容的生产者、分享者、搜索者等所有付出时间的人，并没有得到应有的价值回报。

正是因为信息互联网存在着这样的不完美，用户们普遍更信任大型的互联网公司，如腾讯、阿里等，人们认为大公司无法逃匿，而且会对公众及媒体负责任，一旦发生问题会波及整个行业，因此大企业自身会对自己负责任。小公司、小平台无法获得用户的信任，开发的新技术、新服务也无法获得长足的发展，也就没有了流量和发展的基础。

传统世界的流量逻辑和规则由中心化的互联网平台实现与制定，这也是 BAT（百度、阿里巴巴、腾讯）等平台型巨头在互联网领域快速崛起的核心。而共享经济的出现，虽然一定程度上解决了信息和资源匹配的问题，但仍无法实现价值的高效流通，相反，中心化平台的整合最终导致利益分配的高度集中，个体贡献者并没有获取合理的回报。

尤其是在移动互联网时代，由于域名传播已经不再适用于手机这个硬件载体，取而代之的是少数的 App，因此手机的流量入口变得非常重要。

随着比特币的出现和区块链技术的不断普及，通过使用无法篡改数据的分布式账本，以分布式的计算机运行维护数据，使得基于区块链的数据真实性有了保障。人们无须通过信任某个机构选择服

务，区块链为整个人类社会搭建了一个"无须信赖组织"的社会。

借助区块链技术，可以充分实现无需可信第三方的价值表示和价值转移，大大弱化中心化平台的作用；同时构建起以价值流通为核心的去中心化产业生态，为贡献者提供充分的激励，将会彻底改变依赖于平台流量的传统经济模式，并且让消费者成为生态中的主角；区块链世界中，消费者、生产者、创造者、投资者和传播者五位一体，通过共识机制和智能合约实现共同利益的共享，减小原来生态中相互的摩擦系数，通过数字资产的升值获得最大的利益。

中国早在 2016 年就推出了《中国区块链技术和应用发展白皮书（2016）》，极有远见地把整个网络科技的发展分为三个阶段：信息互联网、价值互联网与秩序互联网。信息互联网就是目前正在使用的大部分网络基础设施以及应用。但是因为在现有的制度下，数据与信息被巨头垄断，而令边际成本超过了数据产能。

信息互联网能够传递的内容有三种，分别是信息、通信和广播，可以随时随地地发送信息，但是却无法传递货币；而在区块链，则增加了一种新的内容，即加密数字资产、Coin 或者通证，区块链可以传递价值，因此也被称为价值互联网。区块链形成的价值互联网，数据通过数字资产流转，在网络中产生服务溢价，而数据本身是免费的，这就是区块链对现有的互联网做的降维攻击。

区块链可以传递和转移价值，解决了信息互联网无法解决的资产确权、安全交换、价值分配、有效激励、去中介化以及人类大规模协作等诸多问题，同时也可以有效解决以上所提到的中心化机构发行的积分存在问题，对改变信息互联网的巨头垄断做出彻底性的变革。

而秩序互联网将成为互联网的终极形态，在更远的将来理解秩序互联网，就是一切的数据流转都在一个巨大的底层上。而治理者与生产者，约束者与被约束者，生产力与生产关系，人类数据与机器数据都将成为辩证统一的有机体。

4.2　区块链的起源

区块链为什么会诞生，不得不提一个典型的社群型组织——密码朋克。

密码朋克是一个由密码学专家、程序员与极客们组成的组织。密码朋克宣言认为，在电子通信时代，人们要实现隐私权，隐私权是一个社会在数字时代维持其开放性的必要条件。几百年以来，人们一直在用耳语、信封、密室、秘密手语和通信员来保护他们的隐私。这些过往的技术都无法实现健全的隐私权，但数字技术可以。密码朋克以开发匿名系统为使命，用密码学、匿名电邮系统、数字签名和电子货币保护自己的隐私，创造支持匿名交易的系统。

蒂姆·梅是密码朋克运动的发起人之一，1992年，他在网络上发起了加密的密码朋克邮件列表，希望用密码学创建一个自由、不受监控的世界，两年时间，有超过700名用户加入。全世界的密码学专家、程序员与极客们，通过电子邮件互相交流，讨论涵盖数学、密码学、计算机科学、政治、哲学等领域。他们信奉自由主义与开源社区的力量，大多将自己的作品以开源形式发布，让全球用户免费使用。密码朋克的追随者坚信，应该用强密码技术，保障个人自由和隐私，让其免受资本和政治等外在力量攻击。密码朋克的参与者们为人类带来了无数的开源加密协议。

2008年，中本聪在密码朋克组织的邮件列表中发布了比特币白皮书，比特币白皮书发布之前，在探索自由、匿名、去中心化数字资产的道路上，无数的人做出了自己的贡献。

早在1982年，大卫·乔姆发布了盲签名技术的论文，给出了在网络上匿名传递价值的方式，并将其命名为Ecash。它可以让传统货币通过银行的加密签名，以数字形式存储货币，在网络上自由、匿名地传递，用户可以将这种"数字化的传统货币"自由转移，且无须暴露自身信息，但这个货币不是去中心化的，更不能自洽。1998年，华裔密码朋克成员Dai Wei（为向前辈致敬，以太坊的最小单位就是Wei）提出了一个匿名的、分布式的电子加密货币系统——B-money，它是多年后比特币的精神先导，但受限于当时的各种条件以及本身的设计缺陷，后来不了了之。

1997 年，亚当·巴克在密码朋克邮件中提出了哈希算法（Hash algorithm）：执行哈希现金程序的计算机，在发送邮件时，需要额外付出几秒钟时间进行哈希运算，试凑出一个符合特殊规则的哈希函数值。2004 年，密码学家哈尔·芬尼把哈希算法改进为可复用的工作量证明机制（reusable proofs of work），它被用于比特币出现之前的一系列数字资产实验。而到了 2005 年，Nick Szabo 终于提出了比特金的设想，用户通过解决数学难题，并用加密算法认证公布结果来构建一个产权认证系统，该思想已经非常接近比特币的思想，Szabo 还发表了很多关于《合同法》在网络安全实现的论文，可谓区块链智能合约的起源。

从 eCash 到 B-money，再到比特金理论，几代密码朋克们都怀着对自由货币的向往，做着各种试验和努力，然而最终都失败了。基于前人们研究的基础，2008 年在比特币的白皮书中，中本聪将哈希现金机制改造成了比特币的发行机制：用户贡献算力，进行哈希运算；作为回报，比特币网络将比特币赠予首个挖出区块的矿工，它成为新一代数字资产网络运转的基石。比特币白皮书的精神内核来自 eCash 和 B-money，而工作量证明等核心技术则来自亚当·巴克和哈尔·芬尼等人。此后，比特币迅速超越了密码朋克的小圈子，走向了更辽阔的世界。

随着比特币的诞生，由比特币衍生出的区块链技术，以及其价值网络应运而生，并开始深刻地影响和改变着人类社会，目前区块链的身影已经遍布法律、开发、地产、物联网、物流、保险、金

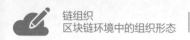
融等诸多行业。区块链技术是一种利用块链式数据结构来验证与存储数据，利用分布式节点共识算法来生成和更新数据，以及利用密码学方式保证数据传输和访问安全的一种全新的分布式基础架构与计算方式。

区块链技术被认为是继蒸汽机、电力、互联网之后，下一代颠覆性的核心技术。如果说蒸汽机释放了人们的生产力，电力解决了人们基本的生活需求，互联网彻底改变了信息传递的方式，那么区块链作为构造信任的机器，将可能彻底改变整个人类社会价值传递的方式。对于企业及组织而言，区块链的出现，将会改变企业和组织的生产关系，并将重构商业和社会。

4.3　区块链的发展

数字经济之父 Don Tapscott 对于区块链技术不吝赞美之词，并直言"区块链是互联网的二次革命"。第 46 届世界经济论坛达沃斯年会将区块链与人工智能、自动驾驶等--并列入"第四次工业革命"。《经济学人》曾在 2015 年 10 月的封面文章《信任的机器》中介绍区块链——比特币背后的技术有可能改变经济运行的方式。

区块链技术本身所具有的去中心化、开放、自治、信息不可篡改等特性备受青睐。区块链正在引领全球新一轮技术变革和产业变革。目前很多国家都开始积极拥抱区块链技术，开辟国际产业竞争新赛道，抢占新一轮产业创新的制高点，以强化国际竞争力，在区块链这一新赛道争取先发优势。

目前全球约 90% 的国家或地区正在规划区块链投资，并在 2019 年进入实质性阶段。

美国：美国作为区块链技术的前沿阵地，将区块链上升到变革性技术，成立国会区块链决策委员会，不断完善与区块链技术相关的公共政策。美国关于区块链的监管主要体现在货币监管、投资活动等方面。货币监管方面，美国监管机构将比特币界定为可转化虚拟货币，受《银行安全法》监管；同时，对于比特币可能涉及的洗钱问题则由美国金融犯罪执法网络（the financial crimes enforcement network）执法监督。投资活动方面，比特币中的"挖矿"合同则属于投资合同，属于美国证券交易委员会的监管范畴。另外，美国各个州对于货币服务的法律解释差异较大，因此各州具有不同的监管态度。

2019 年 2 月，摩根大通银行发布了自己的区块链产品。这款联盟链产品有自己的通证 JPM Coin，用户可以使用它进行价值交换，类似于加密货币行业的稳定币，只不过这次的发行方是真正的实体银行。业界普遍认为摩根大通银行是美国第一家公开在数字资产领域试水的世界级银行机构。

2019 年 3 月，IBM 公司宣布了 IBM Blockchain World Wire，目前六家国际银行已签署意向书，旨在使用基于 Stellar 公链的 IBM 支付网 World Wire 上发行稳定币或者以法币为支撑的通证。该网络承诺让合规机构进行跨境价值转移、汇款或外汇，而且比传统银行体系速度更快、成本更低。

欧盟：欧盟努力把欧洲打造成全球发展和投资区块链技术的领先地区，建立"欧盟区块链观测站及论坛"机制，加快研究国际级"区块链标准"，并为区块链项目提供资金。

韩国：韩国将区块链上升到国家级战略，全力构建区块链生态系统，推出"I-Korea 4.0 区块链"战略，计划在物流、能源等核心产业内开展试点项目。韩国对区块链目前持鼓励的态度，多方位尝试探索。2016 年 2 月，韩国央行在报告中提出鼓励探索区块链技术。同月，政府支持韩国唯一的证券交易所 Korea Exchange（KRX）开发基于区块链技术的交易平台。

日本：日本在多行业推行区块链场景结合，是全球态度最为积极的国家之一。日本最早推出了有关交易所的立法和监管，积极支持区块链在日本的发展。2017 年 4 月 1 日，日本实施了《支付服务法案》，正式承认比特币是一种合法的支付方式，对数字资产交易所提出了明确的监管要求。2017 年 6 月，日本政府准备开启所有地区房地产区块链项目，将城镇、农田和森林地区所有房地产登记到一个单一的区块链账本，除此之外还包括附带的详细信息和房地产出售价格。日本金融服务管理局（FSA）正在开发一种由区块链推动的平台，将使日本客户能够在多家银行和金融机构之间即时共享个人信息。

中国：2019年10月24日，中共中央政治局就区块链技术发展现状和趋势进行第十八次集体学习，区块链技术的集成应用在新的技术革新和产业变革中起着重要作用。把区块链作为核心技术自主创新的重要突破口，明确主攻方向，加大投入力度，着力攻克一批关键核心技术，加快推动区块链技术和产业创新发展。

区块链技术应用已延伸到数字金融、物联网、智能制造、供应链管理、数字资产交易等多个领域。目前，全球主要国家都在加快布局区块链技术发展。我国在区块链领域拥有良好基础，要加快推动区块链技术和产业创新发展，积极推进区块链和经济社会融合发展。在一系列的政策扶持下，区块链技术在中国迅速发展并与各行各业深度融合，以创造社会价值，赋能实体经济为核心已成为大势所趋。

对于个体而言，紧跟国家政策，顺应潮流和大势，积极投身区块链世界，学习并深刻领会区块链思想，了解区块链如何重构经济系统，如何重建适应区块链时代的组织形态，则将有机会开创崭新的新世界，并开创个人财富的新自由。

第 5 章

什么是链组织

05

5.1　链组织简介

区块链的本质在于不需要相信任何人，它正是基于机器信任而实现了不需要信任人的划时代技术。区块链技术的透明度和可靠性可以为社群制组织建立共同的运营标准和合作方式，最大限度地降低信任成本和交易成本，以臻零边际成本社会。

通过分布式记账、通证激励、智能合约、共识算法等要件，为解决信息不对称、逆向选择和完善激励模式等方式，区块链可以完成人类大规模协作，不再是公司固有的几十人、几百人、几千人的规模。通过智能合约和共识算法完成工作量或者贡献证明，可以不再人为发放工资，而是通过智能合约、通证激励自动完成各项奖励和激励。

区块链让互联网的所有基因得以重现，呈现出去中心化、包容、虚拟、分布、开放、共享、自由、尽力而为的共性，如图 5.1 所示。

互联网的力量体现在虚拟与分布的力量，就像阳光、空气和水一样，连接着地球上的各个生灵和生态，虚拟可以任意变化，分布可以无限发展。

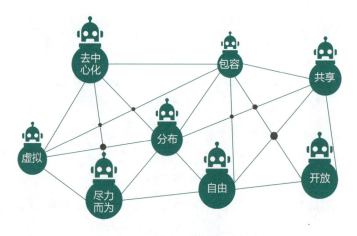

图 5.1　互联网基因

链组织（organizations in blockchain）是区块链时代分布式的通证社群制组织，是建立在区块链基础上的由智能合约、通证激励、加密运算、链式账本、分布式加密技术、分布式节点等方式构成的，去信任、协同开放、大规模、分布式的社群自治组织。

链组织的组织内部人和人、人和组织之间的相互协作和业务往来不再是行政关系或者雇佣关系所决定的，而是遵循平等、自愿、互惠、互利的原则，为彼此的资源禀赋、互补优势和利益共赢所驱动。链组织内部的每个人都是自发、自愿、自助地参与进来，每个人都拥有自己相对独立的决策权。

073 | 第5章
什么是链组织

链组织让虚拟与分布、融合与共赢、开放与共享、零摩擦与零阻力、开源和自由成为可能。对于企业及组织而言，包裹在公司层层重甲下的资本、人和事被释放出来，公司制也就变成了无法匹配区块链时代的组织形态。区块链的出现改变了组织的生产关系，包括降低了信用门槛，打破了公司和组织的边界，削弱传统渠道的价值，组织长尾供给及改变企业追求垄断的天性等。

链组织是用去中心化的理念所建立起来的一种新型的经济组织形态，是基于共同的理念和目标，聚合有相同意愿和想法的人，根据事先约定的规则和合约一起参与、共同经营。这些参与者将根据各自的价值贡献（资金、客户资源、服务以及生产等）进行自动激励，如图 5.2 所示。

图 5.2 区块链组织协作

5.2 链组织的基本特征

链组织建立在区块链技术、非对称密码学原理基础上，通过分布式记账、共享账本、通证激励等使相关参与者的职责权利、运作规则以及奖惩机制公开透明。区块链的加密技术则在信息和价值传递中保证其安全性和不可篡改性，实现效率和安全的双重提升。

链组织的四个基本特征：7×24 小时自发自愿无人管理，公开透明、公平公正，效率高、趋向零成本，通证解决链组织的激励和分配问题。

5.2.1 7×24小时自发自愿无人管理

在公司制管理模式中，总是存在集权与分权的问题，差别在于是集权多一些还是分权多一些，同时如何保证分权的效力和效果，如何管理员工的绩效成为公司制的难题。在链组织中，集权基本不存在，组织成员通过分布式账本、智能合约和通证激励机制，实现自动控制和协调经营活动，以达到组织的预期目标。链组织的成员自发自愿地参与社群任务，不需要别人管理，更不需要管理别人，信息沟通也是为了推动任务的进展，更好地与他人进行协同。

链组织中，去中心化是区块链的一个重要性能，区块链利用分布式账本取代了传统组织的中心化数据管控模式，将数据所有权和使用权还给链组织的成员。这种组织和管理模式将相应的决策权分配到每个业务单元和具体的行动层级，从而最大限度地减少管理幅度、管理成本和沟通成本，并通过直接授权其他组织成员，使得组织生态能够对市场做出更快、更准确的反应。在链组织中的成员既可以是客户、用户，也可以是投资者，还可以是创造者和传播者，每个组织成员的身份变得多元化，通过共识机制和智能合约实现共享共同利益，减小原来生态中相互的摩擦系数。

传统公司的管理、项目、岗位、合同以及订单等都需要各种合同，合同的管理也是直接把纸质版的合约导入计算机，其仅仅利用了数字化的存档功能，与计算机程序的智能执行并没有关系，因此也不是智能化。

而链组织的智能合约是一种预先编写、自动运行的计算机代码，基于机器语言按照合约内容自动执行和实现最佳匹配。智能合约充分利用业务规则的对称性、数据加密技术和共识算法，实时地提供业务项目和订单等自动执行的多层级信息，及时实现各个节点数据之间的联系和比对，自动匹配最优方案并付诸执行。智能合约将显著降低分工契约的成本，提高分工契约的合意性，而且可以实现无人管理，7×24小时自动执行。例如，未来的基于区块链技术架构的电商平台，可以替代传统互联网的电商平台，让管理者和公司消失，让整个电商生态系统自动运转。

此外，链组织可以将组织的活动进行合理细分，按照业务线、产品线、研发任务和客户服务等标准进行分类。在每个业务单元中

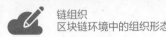

建立相应的组织结构和管理模式，可避免职能型组织结构导致的复杂性与迟钝性。与此同时，将组织的决策层进一步解放，使其可以将时间、精力和资源集中在组织发展方向规划、核心竞争力打造以及形成关键价值链等重大事项上。

5.2.2　公开透明、公平公正

在公司制组织里，管理层在执行工作时，由于信任成本和信息不对称的存在，往往会出现互相推诿、邀功请赏等行为。公司的管理者在进行管理决策时，由于沟通成本和信息不对称的存在，也可能出现偏听偏信以及花费大量的时间成本进行调查、研判等行为。

同时，公司制组织内部沟通成本较大，员工和组织的利益、目标可能不完全一致，甚至出现较大的摩擦。同时由于缺乏有效的沟通途径和科学的激励机制，公司管理者和员工之间可能会出现缺乏协作共事的现实基础。

在区块链技术的支持下，链组织结构内部的各节点之间公开透明地进行信息和价值交换，可以最大限度地减少信任成本和沟通成本，从而达成组织内部的共识和信任，有效解决博弈中的囚徒困境。

分布式记账法和链式记账法在链组织未来运转的过程中，将变成一个所有的利益相关者节点共同组成的大数据库。系统内部发生的所有决策和行为信息都可以存储在这个大数据库中。区块链将组织成立以来所有的组织管理相关事项和交易全部记录在数据区块中，同时共识算法和加密技术使得所有的决策和行为都可以被追踪和查询，做到开放和透明。

5.2.3　效率高、趋向零成本

链组织可以实现不同节点之间的资源共享、优势互补、相互信任，并通过分布式记账、智能合约等结成一种平等的合作伙伴关系。这既不同于传统组织内部的行政隶属关系，也不同于组织与外部之间的市场交易关系。总之，链组织内部不再需要设定 KPI，不再需要有人去管理和督导别人，每个人都是自发自愿地工作和贡献。

链组织的每个节点都根据自己的资源优势和才能资质，在通证激励机制和智能合约的作用下，有效降低沟通成本、摩擦成本和交易成本，进而产生强大的协同效应。同时每个组织内部成员都可以根据在系统中的贡献获得相应的奖励，这种兼具股权、物权和货币属性的通证，极大提高了系统节点之间的协同性和利益一致性，使得组织中人和人、人和组织之间是一种利益互补关系，有效地提高了效率，趋向于零成本，如图 5.3 所示。

链组织的效率高还表现在，如果组织内部的一项使命完成，该项目的链组织结构便没有了存在的必要；新的目标出现，社群中不同的人便会结成新的链组织结构。因而链组织的组织结构和管理过程是持续开放和动态平衡的，是有时间属性的，相较于传统的公司

图 5.3　从公司制到链组织的改变

制，链组织是一种看似松散、实则更具活力和创造力的形式。

　　传统的公司制面对快速变化的市场时，表现出较为强大的惯性，而链组织对瞬息万变的市场可以更快速地做出反应。链组织通过革新组织结构和管理模式为企业赋能，打造一个高效、动态、开放的组织和管理体系，相比之下更具战略性、更为市场化。

5.2.4　通证解决链组织的激励和分配问题

　　公司制组织管理的激励模式，强调企业管理者希望直接指挥员工采取什么样的方法和行为，然后通过一系列的评价标准验证和考核员工是否按照既定的步骤和标准进行操作，以及行为的结果是否达到了预设的目标，整个激励模式强调的是对员工行为和行为结果的考查与评价。

链组织的激励模式是采用可流通的加密数字资产和权益证明为基本激励单元，以管理成果和市场业绩为导向的通证激励机制。在区块链时代，通证作为一种可流通的加密数字资产和权益证明，通证的分配和流通为组织发展提供内生的动力。作为链组织的价值分配要素，通证将发挥引导组织成员创造性工作、合力攻克技术难关以及快速分析市场变化的职能。通证激励模式强调组织的长远目标，鼓励成员创造性地，而非被动地完成组织愿景和业绩目标，因而通证管理模式提供的不仅是激励的结果，而是提供激励组织结构发展完善的动力。通证作为区块链生态中价值的量化，代表所有者积分、会员、投票、资产增值分红等方面的权益，相比当前经济体制中的股权，权利划分更细，权益程度更高，通证还可以更好地量化考查不同持有者的行为绩效，更有效率地实现权责匹配。

链组织通过分布式记账和智能合约应对契约风险，通过完善契约的条款，并将契约记载在不可篡改的分布式账本中，智能合约应对监督风险，在协商一致的基础上签订合约并基于机器语言自动执行协议，通过智能合约的方式使领导者的决策和团队成员的行动不偏离目标。通证激励应对社群制组织的领导者、团队成员乃至追随者和跟随者的激励模式，通过利益共享的方式，给予利益相关者通证激励组织所有成员，采取符合互利共赢目标的行动，从而实现组织的自我发展和完善。链组织的基本特征如图5.4所示。

例如，在区块链世界，未来可能会实现这样的场景，无人驾驶汽车和区块链技术相结合，用户呼叫用车服务后，附近的无人驾驶

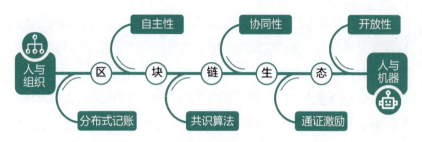

图 5.4　链组织的基本特征

汽车就会收到并响应信息，用户可以根据到达目的地所需的时间、费用，选择最理想的车。而无人驾驶汽车通过人脸识别用户，并通过区块链技术记录用户信息，如果遇到被人为破坏的情况，无人驾驶汽车则可以安全地保护好自己。因为没有驾驶员，所有一切都通过链组织运行，无人驾驶汽车自己赚取通证费用，支付燃料费、修理费，制定保险合约，如果发生事故，还可以和对方交涉，这些流程无须人为干预，可以全部自动执行。每个乘车人都可以认购通证成为无人驾驶汽车的股东，支持、服务和推动这个社群的发展，让越来越多的无人驾驶汽车参与到链组织中，为更多的乘车人提供服务，而每个参与服务、投资、消费的人都可以通过通证获得收益。

5.3　链组织的基本理念

从现实世界到互联网世界再到区块链世界，在这个过程中经历了现实世界向用户收费，互联网世界向用户免费，我们正在走向为用户行为所创造价值送费的区块链新时代。

传统公司制的业务逻辑是公司先融资募资，然后招聘员工，确定产品及服务的目标客户，客户有哪些需求，公司能提供什么样的产品和服务满足客户需求，通过什么样的渠道进行销售，如何获取到用户流量，如何将流量转换为买单的客户，整个销售过程中的盈利和利润情况，公司的现金流和利润决定了公司的市值、PE 的倍数以及在资本市场的价值，如图 5.5（a）所示。

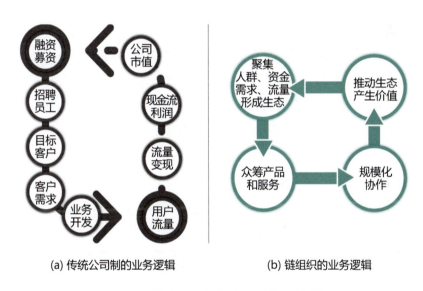

(a) 传统公司制的业务逻辑　　　　　(b) 链组织的业务逻辑

图 5.5　传统公司制和链组织的业务逻辑对比

而链组织的业务逻辑是区块链的项目及业务通过什么样的产品和服务聚集人们形成生态，如何让人们通过规模化协作，推动生态产生价值并且使价值能不断增长。可以理解为链组织的业务逻辑为"以终为始"，与传统公司制的业务逻辑几乎相反，如图 5.5（b）所示。

链组织将重构组织利益相关方的价值网络，利益相关方包括股东、创业者、员工、消费者、渠道商等，链组织将这些价值网络利益相关方都变成了利益共同体或者价值共同体，可以让每个链组织的参与者都得到合理回报和相关利益，最后达成全面的共赢。

5.3.1 参与即挖矿

从基本应用来看，区块链是一种去中心化的分布式账本。既然是去中心化以及分布式的，就需要一定数量无法或难以被控制的人参与记账，这些参与记账的人称为矿工，而参与记账的行为称为挖矿，记账人投入的各种硬件设备称为矿机。

最早的挖矿概念出现在比特币，比特币的第一块区块是中本聪本人挖出的，也就是要做一道很复杂的算术题，计算机运算大概需要 8 ～ 10 分钟能够将题目解出，题目解出后就可以将下一个区块产出，产出一个新的区块可以得到一定的奖励，这个过程称为挖矿，而解算术题的人称为矿工。所以现在可以理解凡是参与一个项目，按照其规则做出相应贡献，并获得奖励的行为，都可以称为挖矿。

目前区块链全网账本主要有工作量证明（proof of work，PoW）、权益证明（proof of stake，PoS）、代理权益证明（delegated proof of stake，DPoS）等多种共识机制。

PoW 组织庞大的算力解一道难度非常高的数学题，拥有的算力越多，解题越简单，获得的比特币就越多。比特币 PoW 机制下，算力是比特币安全的保证，而且矿机的投入有很长的回报周期，因此网络的奖励和投票权都归矿工所有，矿工同时也拥有投票分叉的权利。

PoS 是根据持币的量和时间进行利息分配的制度。PoS 机制最核心的逻辑就是谁持有币谁就有网络的控制权。在 PoS 机制中，仍然存在算力挖矿，需要算力解决一道数学难题。但数学难题的难度和持币者的币龄相关。简单来说，持币者持有币的时间越长，难题越简单，挖到币的概率越大。

DPoS 是一种基于投票选举的共识算法，类似民主大会。持币人选出几个代表节点运营网络，用专业运行的网络服务器保证区块链网络的安全和性能。DPoS 机制中，不需要算力解决数学难题，而是由持币者选出谁是生产者，如果生产者不称职，就随时可能被投票出局，这就解决了 PoS 的性能问题。

在信息互联网经济中，消费者、用户和玩家创造了流量和数据，这些流量和数据被巨头以免费使用的模式，以流量和数据的方式进行变现。消费在整个社群中所创造的价值或许是最大的，没有消费便没有商业流通的源头。但在现实世界和信息互联网中，并没有给消费者和用户的消费行为确立主导地位，消费者和用户的价值往往不被计算价值，也没有利益分配。

例如，用户大量使用搜索、授权、记录、分享、转发、点赞、打赏、邀请好友、留言、签到等各种社交行为或者数据功能，付出了大量的时间和精力，帮助互联网巨头们创造了巨大的市值，但是用户却无法从中获得应有的参与价值以及数据价值回报。用户转发新闻、给别人点赞、邀请其他朋友注册等行为得不到物质奖励；用户在搜索平台上搜索想要的内容，即使看了大量的广告，也没有得到物质上的回报。甚至因为信息互联网的利益驱使和监管缺失，出现了用户数据被侵权、窃取、非法使用等问题。用户的数据信息、用户参与价值是没有回报给个人的。

在区块链时代，我们进入了数据掘金的全新时代，人类首次实现了数据的确权，数字资产未来将成为人们主要的资产形式之一。相比于信息互联网，用户自身的参与价值、数据价值都能以数字资产的形式还给用户，用户价值的使用完全由自己决定，并且能够真正地实现数字资产变现。

越来越多的人开始意识到个人数据以及信息的重要性，也意识到在互联网上操作的每个动作和行为都是为一个平台做出的贡献，是有参与价值和数据价值的；意识到授权平台使用我们的数据和信息，是可以得到相应的价值回报，变成数字资产的。

例如，用户在一个区块链内容平台上签到、浏览新闻、分享转发、打赏评论、邀请注册等，获得平台生态的通证奖励；用户在一款区块链游戏中玩游戏，用户的打怪、升级、消耗、邀请好友等，也都可以获得游戏的数字资产奖励。

又如，用户每天步行，作为低碳行为可以以量化的形式储存到碳账户，转化成为蚂蚁森林的绿色能量，或者减排额度拿到碳减排市场上交易，将用不完的碳配额转让给排碳超标的企业或组织，个人的数字资产就可以兑现或者转化，这就是走路即挖矿。

再如，某商城运用了区块链的思想和技术实现了对整个商城里全品类、全 SKU、全自动购买力的集结。通过区块链技术，实现了"人人招商、人人推广、人人当股东"，社群中的每个人都购物即挖矿，购买、推荐等贡献行为均可以通过智能合约自动获得收益，不存在违约，更不存在人为参与执行或者延迟。

从模式上看，该商城可以理解为购买力集结的全自动版拼多多。从交易角度，该商城的本质是将用户的人际关系、社交资产、消费数据及数字资产，通过确权变现成收益激励给贡献者。做电商的卖家在入驻传统电商平台，要支付人民币获得这里的商业资源，成本大约在 20%，而卖家在该商城里的成本则大幅降低。同时，因为没有完全中心化的商业中介，该商城的收益可以分配给贡献者。基于区块链技术、智能合约、通证激励的链商，将是电商行业的未来。

参与即挖矿，倡导的是在生态中，所有参与生态建设的人，都可以按照贡献比例或者其他共识机制获得相应的通证奖励，成为每个用户的数字资产。通证经济就是通过智能合约和区块链基础设施，把互联网和移动互联网的免费经济变成送费经济，即给用户送钱的模式，把客户、消费者、用户和玩家创造的价值还原出来，变成用户的数字资产，这就是通证经济的本质。

5.3.2 消费即投资

在传统行业和信息互联网时代，投资机构或者投资人是企业的股东，投入资金用于创建企业和维持企业的运作，享有一家企业成长和利润最大化，可以获得分红权、股息或者股票销售等收益。而消费者和客户则是为企业产品或服务买单的人，能满足用户需求的产品，才能让消费者买单，企业才能获得收入。

例如，一款游戏上市，游戏的玩家就是游戏的消费者，他们为游戏充值，充值获得的各种装备和技能只能在同款游戏中消耗掉。而游戏的投资人就是早期投入资金研发游戏的人，游戏如果得到消费者的认可和买单，投资人就有回报，如果消费者不为游戏充值，则投资人回报就少。投资人和消费者的身份是分隔的，甚至是对立的，是你多我少的局面。

而在区块链中，有了数字资产证明后，投资人和消费者两者的身份可以是一体的，消费者为某款区块链游戏充值，或者直接通过交易平台购买通证，则游戏本身获得了资金支持，相当于有了投资人。而消费者不仅可以玩游戏，还可以获得自己的数字资产，通证可以在交易平台进行兑现，同时还有可能随着生态的发展通证的价格上涨，而让消费者获得更多回报，因此消费者同时又是投资人，是既投资又买单的人。

目前，物质的极大丰富造成大部分产品都不稀缺，传统互联网和传统电商大卖哪款产品都不容易。而在区块链时代，产品销售需要从需求端入手，将消费品变成投资品，让消费者在购买产品的同时，不但得到一个产品，还有证券化后产品的价值、产品的投资回报属性等，只有带投资属性的产品才是消费者真正的刚需。

消费即投资，如图 5.6 所示，消费品变投资品指的是在区块链的生态中，消费者的任何一次消费都对社群是一个贡献，有必要用通证记录下这个贡献，即数字资产，可以定价、储存、转移、交易。因为通证的存在，消费者的身份变得多元化，既可以是消费者，也可以是投资者，还可以是生产者、创造者和传播者五位一体，通过共识机制和智能合约实现共享共同利益，减小原来生态中相互的摩擦系数，通过通证的升值获得最大的利益。

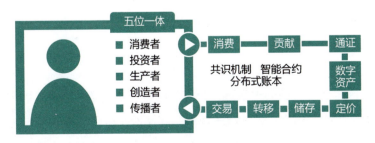

图 5.6 消费即投资

5.3.3 社群即渠道

社群营销是众多电商、微商普遍采用的营销方式及手段，发端于小众，引爆于圈层，流行于大众。再传统的公司制企业也可以采用社群营销的方式销售产品，通过各种电商平台、微信群及网络空间等线上渠道销售产品，因此社群营销早已被大众所熟知。每次提起从公司制到社群制时，很多人会马上提到社群营销这个词，说明社群营销已经深入人心。但是本书中的社群是整个组织结构整体的改变，不仅仅是社群营销和销售环节的社群营销，而是从产品或服务的生产环节就开始以社群的方式创造和建设。

电商的社群营销是如何出现的？相比于传统的商店，线上电商中砍掉渠道，就砍掉了一切与渠道相关的成本，如房租、水电等。因此，全新的价格策略出现，与传统商业对比，价格优势极为明显。但是砍掉渠道，同时也让电商失去了抓手。淘宝、拼多多上有数百万电商卖家，款式更多，消费者如何找到心仪的产品呢？因为淘宝等平台垄断了流量，因此电商平台要想吸引参考客户，就必须购买流量，进行流量引导。多数电商没有独立的流量来源，所以投入淘宝等巨头流量入口的广告费用快速上涨，甚至超过过去的渠道费用。

这时社群营销便出现了，社群营销能带来反商业常理的颠覆：趋近于零的广告推广，相比于社群的高性价比传播，投放硬广就变得效率极低，转化率也很低。电商时代的流量相当于传统营销的渠道，社群营销相当于传统营销的促销，主要是沟通与传播的作用。社群的价值相当于传统营销渠道和促销的统一，社群营销既是砍掉渠道后流量引导的工具，也是去中心化后传播的工具。

到了区块链时代，消费者变成了社群制组织的投资者、创造者、生产者和传播者五位一体。创造者和消费者不再是分隔和对立的，创造者的利益与消费者、传播者的利益高度一致，人们都可以从中获取自己的通证，消费者就会自发地去维护社群的平衡性，甚至主动帮助传播，帮助社群获取用户，也就是社群即渠道。

在电商领域里，还以某商城举例，该商城设立了一系列的激励机制，让社群可以参与生态建设，通过社群激励，让支持者成为社群的节点，节点会持有且锁定一定数量的通证，获得该商城经济体的某种经营权。该商城的商品交易，可以让业务持续不断地运转，业务收入可以让社群里的节点不停地赚到钱。随着社群和经济体的扩大，商城通证的价值会上涨。

再如，游戏行业，目前传统的游戏业最大的一个问题就是渠道过于强势。腾讯、硬核联盟等基本垄断了 90% 以上的游戏玩家的流量，游戏开发者及 CP 处于非常弱势的地位，任何一家游戏开发商想获得游戏收入，都需要花钱买流量，获取一个玩家用户的成本曾高达每人 200 元，这导致游戏研发商无以为继，只能纷纷转型升级。

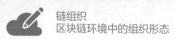

在区块链游戏中，社群中会同时存在开发商和游戏玩家，他们不再是分隔和对立的。当部分节点交付给游戏社群中的关键意见领导者时，游戏厂商的部分利益将与游戏社区的利益高度一致，大家都可以从中获取自己的数字资产通证。忠实玩家会自发地去维护游戏的平衡性，主动帮助游戏更新代码，帮助开发商获取用户，延长游戏的生命周期。如果社区内其他的用户也认可，也会随之更新，并不断传播游戏，共建整个游戏社群。区块链游戏的推出，使得每个玩家都可以推广游戏，渠道就会从现在传统游戏的集中化走向分散化，也就是社群即渠道。

5.3.4 股权变币权

在传统互联网，企业如果想创业，首先需要有一个好的项目或者产品；其次找到投资人来投资；再次招聘员工，投入研发生产，产出相应的 App 产品或者内容产品等；最后再面向市场寻找和聚拢感兴趣的用户，聚集大量用户后，在用户中进行转化，将免费用户转化成付费用户。如果用户量非常巨大，这期间会有其他的广告商来投放广告，借助聚集的用户量转化成广告主的客户。企业如果做大，投资人就会希望尽快得到成倍的回报，如果企业有一个环节遇到困难，关闭、倒闭则成为常态。

在公司制里，投资人作为投资公司的股东，按照其认缴的出资额为限对公司承担有限责任，用资金投入来创建企业和维持运作，投资人投资公司获得的是股权，股东通过持有股权的比例获得公司成长的红利。股东可以参与经营也可以不参与经营，股东权利的大小，取决于股东所掌握的股票的种类和数量。不管是有限责任公司，还是股份有限公司，只要有大股东或者控股股东的存在，都要为股东价值创造最大利益。甚至有很多公司在融资吸纳投资人时，会签署对赌协议，以优先保障一些投资人的权益。

企业家为了能满足投资人巨额回报的需求，就需要不断努力创造现金流量及利润，企业未来的出路无非有以下四种：①企业成功IPO，让投资人可以在资本市场解套；②如果不够IPO的条件就争取被上市公司或其他公司收购，也可以让投资人获得巨大的回报；③公司遇到发展中的巨大困难后，投资人无法获得预期的收益，创业者无法完成对赌（如果有对赌协议），大股东就需要回购投资人的股份，没有对赌协议的部分企业有时也会被投资人逼迫回购股份；④公司重组清算或者破产。

在区块链时代，链组织中每个参与社群建设、做出贡献并得到数字资产或通证回报的人，获得了币权。基于不同的共识机制会形成不同的币权。如果相信力量就是真理，可以创建或加入PoW共识体系；如果相信资本是伟大的，资本才是世界的核心，可以加入或创建PoS共识体系；如果相信领导者的伟大，深知人类历史是由一个个充满理想、意志坚定且愿意负起责任的领导者们来引领的，可以加入或创建DPoS共识体系。

以上不同的共识证明可以简单地理解为是按劳分配，按资产多少分配，还是按选举出来的代表分配，无论采用哪种共识机制，由于可以写入智能合约，不可篡改，每个社群成员都可以自由地选择认同的共识机制，参与社群的建设。总之，链组织的投票权和收益权在币东，权力将归于社群。

传统公司制组织依托股权或者股票为核心资产，需要利润和现金流量表等构建公司的价值，需要遵循"毛利 × 市盈率 = 组织市值"这样的模型，股东投入资金获得股权，可以获得利润分红，拥有对公司未来发展的表决权，通过公司上市或被收购等方式获得股权的投资收益。

在区块链时代，链组织以数字资产和通证作为核心资产包，将不再以利润和现金流量等衡量链组织的价值。生产者、创造者、消费者、投资者和传播者，人人都可以通过激励规则，通过创造和劳动获得通证，一起合力做出成绩后，用通证实现短期利益和长期利益，并且可以升值变现，将原来的收入和利润转变形式分给付出劳动的人，让运营成本、服务成本和管理成本趋近于零，这种方式就是将股东变币东，也是让劳动者们按劳分配的方式。

传统公司制组织和区块链组织对比如图 5.7 所示。

现在有很多投资机构开始从投资股权转向投资币权。由于目前还在区块链的早期阶段，整个区块链的通证经济和项目方的价值体

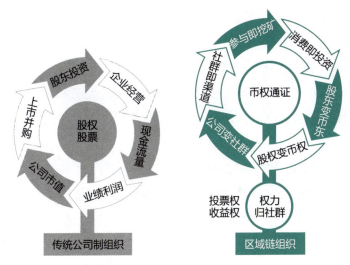

图 5.7 传统公司制组织和区块链组织对比

系没有真正建立起来，还都不是能去中心化的区块链项目。有些项目完全脱离基本面，没有真正的业务支撑，也无法真正创造有用的价值，且周期极短，追求的是短期效益，所以让很多人对投资币权失去信任。反而对投资股权更为信任，随着区块链时代的不断发展，从股权变币权将会形成越来越多的共识。

5.3.5 股东变币东

以网络搜索的业务逻辑为例，百度提供优质免费的搜索服务，积累大量的用户，其他公司或广告主需要获取大量的曝光，便会借助百度提供的广告服务，而这个过程需要其向百度支付费用，在这个过程中，百度便通过自己免费的服务在另一个维度赚取利润。

分享秋水原创的百蚁的故事：在传统的公司制体系下，制定规则的人像老虎，投资人像狼，创业者像猴子，而员工像小猴子，用户像羊，客户像猪；一直以来都是猴子带着小猴子们一起努力，挣羊群带来的流量，挣猪的钱，但是企业创造的大部分利润和价值都被狼和老虎拿走了，案例可以参考互联网巨头们上市。

而在链组织世界里，老虎被智能合约代替了，狼的投资功能被猴子、小猴子、羊和猪取代了。我们有机会用通证确权和激励的方式把猴子、小猴子、羊和猪的故事变成一个新的会飞的白蚁的故事。链世界的基础设施把社群中的每个人都可以变成白蚁，会飞的白蚁，由白蚁组成一个个的白蚁社群，这些白蚁社群具备了强大的战斗力，白蚁一起合力，可以战胜强大的敌人，如图 5.8 所示。

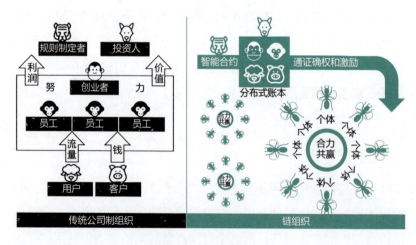

图 5.8　白蚁的故事

在老虎制定的规则里，处于头部的就是资本。以投资机构为主体的资本世界，哪里有钱，哪里就有狼群在外围蹲守，随时准备发起攻击，猎取利益和价值。

互联网世界中企业的创业者，充当着动物世界中猴子的角色，创业者带着员工创造价值和利润。互联网企业服务的对象就是用户，作为新生态的重要一部分，在现有世界中充当着羊的角色。企业为他们提供免费的产品、服务，以获得他们个人的流量价值，包括未来发掘的衍生价值。

币东 = 股东 + 员工 + 客户，一切为社群创造价值的人或者智能机器都可以成为链组织的股东，获得和持有通证，让股东的力量不再是博弈的力量，而是站在一条线上共同发展的力量。链组织的币东不但是投资者，同时还是创造者、生产者、消费者和传播者五位一体。构建一个新的经济形态——链组织形态，其成员都是生产者，都有可能为社群制组织的发展投入自己的能力、时间、精力乃至资金。

链组织的每个个体都可以同时自发自愿地参与多个社群和多个项目，不再属于任何一家公司，或者任何一个单独的社群。链组织的每个人都是斜杠青年、超级个体，超级个体既可以独立完成某项任务，也可以和别人组建成超过一人的团队，依靠协作和组织执行系统性工程，如图 5.9 所示。超级个体可以 7×24 小时自发自愿无人管理，高效透明、公平公正，零摩擦、零阻力地大规模协同，实现马克思主义中"每个人自由全面发展，自由人的自由联合"的目标，由超级个人汇聚成超级社会。

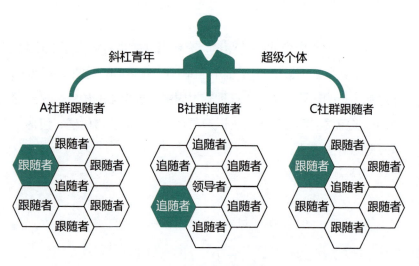

图 5.9　链组织的超级个体

在公司制组织中，股权越集中越好，大股东拥有控股权，获得对公司的控制权；或者没有控股大股东，一般最大股东说了算。而在链组织中，币权越分散越好，大部分的通证如果被某人或单个组织控盘，则会被视为高度控盘，不容易得到大部分社群制组织成员的支持。通证的价值取决于持有者的共识，共识的人数越多，通证的价值就越大。

一个区块链项目采用链组织的组织形态后，可以成功地避免在项目刚刚运转还很弱小的时候，被投资机构一轮一轮收割的风险，他们可以很好地使用区块链的数字钱包工具量化社群成员的贡献，给予约定的奖励，同时也和每位币东达成共识，通过工具进行一定时间的锁仓。每位币东创造者，又是生产者，还是投资者，还可能是传播者和消费者，通过这样的方式，让业务真正成为可以共同参与的业务，社群的每个人都是自主创业的形式在付出，自己的价值和贡献计量获得报酬和回报，这是非常正向的循环。

区块链发展的早期阶段，有很多区块链领域的项目还在用传统公司制的方法募资，会分阶段以不同价格融资基石轮、私募轮，最后到散户，一旦项目开始就会遇到严重破发，基石轮割私募轮，私募轮割项目方，项目方割散户。造成这些项目严重破发的根本原因；区块链的项目方依然在用传统公司制的模式做项目；投资人有自己的投资纪律，只会保证自己的投资得到预期的收益，因此不会考虑项目的发展情况，即使严重破发也在所不惜。这种重复传统公司制的做法在区块链时代是不可取的，只会重蹈公司制的覆辙。

5.3.6 公司变社群

在 3.5 节已经用很长的篇幅分析和对比了公司制和社群制的优缺点，在区块链时代，如果社群制组织升级迭代为链组织，其优缺点对比如表 5.1 所示。

表5.1　公司制组织与链组织的优缺点对比

项　目	公司制组织	链　组　织
股东	一般都有控股股东（大股东）掌握话语权、投票权、决策权，大股东利益成为企业的关键利益	持有通证的人都可以成为股东，也就是币东，股权变币权，币东可以是生产者、创造者、消费者、投资者和传播者五位一体
领导者	领导者以股权比例说话，一旦控股权丧失，则领导者没有话语权，同时领导者需要承受资本对赌协议，回购股份等风险，需要为大股东利益、员工利益努力	领导者是链组织的灵魂，领导者负责引领一个社群的价值观、使命、责任、共识，没有资本对赌和大股东回购等风险
资本来源	股东、资本、机构投资等	消费即投资，一般投资人、超级节点、消费者、购买通证者
价值分配	投资股东利益最大，价值分配优先。为了保持企业管理者的创业动力，一般都让创业者担任大股东	根据对社群付出的能力、责任、贡献及承担的风险等，获得相应的通证奖励及回报
合作方式	签署各种合同方式，人工执行合同达成合作	通过智能合约和程序自动执行，无法违约和延迟执行
团队成员	雇佣制，8小时工作，加班需加班费，节假日需双倍到三倍工资，辞退、解约、不续签都需补偿	不需要法币、人情等作为工资或者报酬，持有通证的成员可以通过通证的增值获得收益。持有通证的人都可能是组织的一个成员，为组织提供服务、时间、能力或者便利
领导与成员的关系	管理者与被管理者的利益关系，通过支付工资等方式，可指挥员工做事，但是需要不断调动员工的积极性，照顾员工情绪	基于共同价值观和目标的共赢关系，共同打造社群价值。需要协商或达成共识，一旦达成共识，社群成员都是自燃型的，7×24小时都有人在工作

续表

项　目	公司制组织	链组织
用工成本	工资、社保、公积金福利成本高昂	付出劳动和贡献的成员将获得通证奖励
用工风险	基于《劳动法》，用工风险极大	基于共识或协议，基本无风险
规模	组织结构庞大，转型困难	组织结构灵活，转型速度快
组织结构	大多是金字塔结构，有部分转型扁平化结构，但是信息不对称、管理层次依然清晰明显	分布式结构，多中心化或去中心化，社群成员的信息会充分对称、保持同步
办公条件	集中式，需要有固定办公场所，配备计算机、桌子、椅子，有餐补、交通补助等福利	分布式，分布在全球各地，如云端、网上、链上，参与的成员自行解决办公问题
顾客或合作伙伴	客户即买单的消费者，客户利益和股东利益是相悖的	顾客不但拥有商品，同时还可以通过持有商品获得通证，成为币东。既是消费者，也是投资人，可能会因为通证的升值获得更大的收益，消费都能赚钱
代理商	代理商只是代理商，付款以合同方式约定交货条件，双方是简单的利益关系，甚至有可能会因为交货时间、期限等产生很多成本和摩擦，会力求成为某个国家或地区的独家代理等优惠条件	代理商不再仅仅是代理商，还是生态的节点。代理商付款后不但拥有商品，还可以拥有通证。因为通证的激励作用，代理商会成为生态组织的一个节点，同时并不再争取成为独家代理，而是代理（节点）越多越好，可以促进整个生态组织的繁荣
创业失败风险	如果创业失败，创业者要承担最大风险，公司的官司可能会让自然人成为失信人	自然人承担自然人的法律责任
组织价值	利润、现金流量表、企业市值及规模	通证的价值，社群制组织人数的共识及认同创造价值

续表

项　目	公司制组织	链　组　织
监管机构	董事会、监事会、工商、税务、社会保险管理机构、券商、证券交易所、证监会、法律部门等	社群成员、相关法律部门
出路	无溢价低价收购，溢价收购需完成业绩对赌，一般需要财务审计等；寻求独立 IPO，需要审计券商年报公告，或者注销、清算、破产等	通证不断升值，成员们不断创造新的社群价值；或者业务失败，社群失去价值和影响力，社群成员退出

基于现有公司制的框架和规则，公司制的股东（投资者）、企业管理者、员工（生产者和销售者）、企业外部涉及的利益相关方包括合作伙伴（供应商和渠道商）、用户（流量）以及客户（消费者）等之间的关系非常复杂，每个环节的利益关系都是博弈关系。

在区块链时代，从传统公司制组织到分布式的通证链组织，这是未来不可逆转的潮流和趋势，如图 5.10 所示。股权变币权、股东变币东、公司变社群，权力归社群。从股东、管理者、资本来源、价值分配、成员、领导和员工的关系、用工成本、用工风险、企业规模、组织结构、办公条件、顾客及合作伙伴关系、监管机构、税收机制、未来出路等各方面都将发生彻底的颠覆和重构。

这里需要指出的是，区块链行业的很多公司，因为公司之前就存在了，有的公司存续时间较长，已有的公司架构无法在短期内改变，会受到公司制、公司股份、惯性思维等各种原因的制约，所以

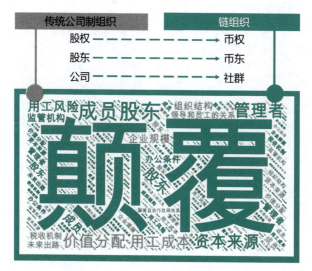

图 5.10 公司制组织颠覆性的变化

依然是用传统公司制的做法来做区块链领域的工作和项目，这些公司在转型链组织时，不断转型和过渡。

如果没有传统公司制的制约，创业者要重新在区块链时代创业，一定要有空杯的心态、重构商业组织的魄力，不要沿袭惯性思维来重走传统公司的老路，区块链世界的一切都将会重构，如果路径依赖在旧世界的体系下，会让我们继续无解。

第6章

数字化及数字资产

06

到目前为止，互联网经济已经进入虚拟与实体融合的、价值资产可全局通货的数字化层面，区块链时代价值标的产生的必然是数字资产。在日常生活中，个人用户的钱放在支付宝里可以直接消费，就是常见的数字资产使用的一种方式；其次，经常用到的网络办公、网络炒股、在线读书或影音播放等都是在使用数字资产。在信息互联网上，平台发行的优惠券或者积分也是资产数字化的运用，只是这类的数字资产很难被确权。数字本身已成为与土地、资本、人力相似的重要生产要素，具备资产属性，即数字的资产化。

目前，我国高度重视创新驱动发展，坚定贯彻新发展理念，加快推进数字产业化、产业数字化，努力推动高质量发展、创造高品质生活。数字经济已成为我国经济社会发展的关键动能。如果说数字经济是躯体，数字金融就是血脉，而数字资产则是核心。以资产数字化为特征的数字金融创新是一个全新的体系，或将重构传统金融运行方式、服务模式乃至整个生态。

在前数字化时代，数据并未被收集整理产生价值。在信息互联网时代，信息大保障，通过云计算、大数据、物联网等手段实现数据的收集整理，但是出现了基于互联网的大型数据垄断企业。在区块链时代，每个个体将拥有完整的数据主权，拥有各自独立的基本数据元素，数字经济体系基于基本数据元素自然生长。人类将以数字主权为核心构建未来社会，随着人类互联网行为不断积累，产生大量数字资产。用户付出劳动、时间、贡献等的通证，以及用户自身的各种数据、信息授权也都是数字资产。

6.1 数字化

数字化主要包含大数据、云计算、人工智能以及区块链技术。如果将数字化平台用人来类比，这几者之间的关系：互联网、移动互联网以及物联网就像人类的神经系统，大数据就像人体内的五脏六腑、皮肤以及器官，云计算相当于人体的脊柱。没有网络，五脏六腑与和脊柱就无法相互协同；没有云计算，五脏六腑无法挂架；而没有大数据，云计算就如同行尸走肉。有了神经系统、脊柱、五脏六腑、皮肤和器官后，加上相当于灵魂的人工智能——人的大脑和神经末梢系统，基础的数字化平台就已经成型了。而区块链技术，就像更先进的基因改造技术，从基础层面大幅度地提升大脑反应速度、骨骼健壮程度、四肢操控灵活性。数字化平台在区块链技术的帮助下，基础功能和应用将得到颠覆性改造，从而对经济社会产生更强大的推动力。

数字化之所以能够颠覆传统，就在于它所拥有的五全基因：全空域、全流程、全场景、全解析和全价值。全空域是指打破区域和空间障碍，从天到地、从地上到水下、从国内到国际都可以泛在地连成一体；全流程是指关系到人类所有生产、生活流程中的每个点，每天24小时不停地积累信息；全场景是指跨越行业界别，把人类所有生活、工作中的行为场景全部打通；全解析是指通过人工智能的收集、分析和判断，预测人类所有行为信息，产生异于传统的全新认知、全新行为和全新价值；全价值是指打破单个价值体系的封闭性，穿透所有价值体系，并整合与创建出前所未有的、巨大的价值链。

数字化具有的五全基因与任何一个传统产业链结合起来，就会形成新的经济组织方式，从而对传统产业产生颠覆性的冲击。与工业制造相结合，形成工业制造4.0；与物流行业相结合，形成智能物流体系；与城市管理相结合，形成智慧城市；与金融相结合，形成金融科技或科技金融。在与金融相结合的过程中，数字化拥有的海量信息、计算能力、共识机制，可以大幅度地提高金融服务的效率、安全性，降低金融机构运营成本、坏账率和风险。

6.2 数字资产

数字资产是指企业组织或个人所拥有或控制的，以电子数据的形式存在的，在日常活动中持有以备出售或处在生产过程中的非货币性资产。数字经济已逐步成为全球经济新的增长点之一。

资产的三大要素：具备经济价值、价值可计量、具有所有权。数字资产同时具备这三大要素。首先，数字资产的取得需要成本的投入，同时也是创造财富的要素，它对于人存在有用性，即经济价值。其次，数字资产不同于数字资源，数字资源具备一定价值，但由于还未被充分开发，因此它的价值具有很强的不确定性，无法计量。而数字资产的价值可以计量，已经能为人广泛认可、接受和使用。最后，数字资产是为产权人所有的，它能够在不同所有者和使用者之间流动。

传统资产的价值和产权通常是固定的，数字资产的价值和产权却动态复杂。一方面，数字资产的价值不确定性极高。数字资产具备数字的特征，数字没有固定的实体形态，具有极强的流动性，数字资产的价值常常处在动态变化的过程中，这增加了价值评估的难度。另一方面，数字资产的产权构成相当复杂。消费者、企业、政府以及连接这三者的众多中间商和社会组织都有理由宣称对数字资产享有一定的权利，产权确定的过程是一场多方力量的博弈。随着互联网技术的发展，价值和产权的流动性、复杂性在不断深化，但同时互联网技术也带来了新的价值评估手段和权力协调机制，于是数字资产随着技术的发展不断变化出新的形态。

作为信任机器，区块链技术创造了一种新的范式，连接金融服务所涉及的各参与方，能够打破数据孤岛，提高数据安全性，降低交易成本，增强风险控制能力，这也是区块链技术备受关注的原因所在。中国是互联网大国，当然也是数据大国（主要指数量）。怎样在数量优势上提升品质，把数据资源转化为价值资产，从中产生信用并为实体经济服务，最终促进社会经济的发展，无疑是我国金融科技领域的难题和挑战。

6.3 资产数字化

资产数字化是指现实空间的传统资产以新一代数字形式在互联网上的登记、存储和流通，实现更加低成本、高效率的配置。它是真实世界的资产在数字世界的映射，同时数字世界中的资产变动也将影响到真实世界中的权益变化，线上线下价值交互，权益变化实时同步。通过互联网的在线化和区块链的在链化的场景，能形成基于代码的传输，就是价值资产的传输的恒定价值对价体系，这也是达成并完成了一个智能合约的共识体系。在数字世界里，现实物理资产就必须完成 IP 数字化，以达成不同业态的价值资产的互联互通化，这就是资产数字化，它是基础设施。

资产数字化的特征主要包括以下三点。

（1）现实空间中的相应资产不依赖于数字化技术而存在。资产数字化要求现实空间已经存在相应资产，这种资产既可以是实体化

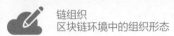
的（如房子、车子、家用电器），也可以是知识产权的形式（如著作权、商标权、专利权）。即使不存在数字技术，这些资产也能够被人们认知和使用，并产生价值。

（2）资产的价值在互联网上以比特结构登记、存储。这意味着资产存在于现实空间的同时，也在互联网上有相应记录。例如，商业银行的网上银行账户上以电子形态记录着个人资产数目。由于资产数字化的数字资产在现实空间有明确的所有权人，因此当它映射到互联网上时，它的所有权也应该是明确的。

（3）数字资产可以在互联网上自由流通。资产一旦以数字化的形式存在，便具备了数字的流动性。数字资产的交易不再局限于现实世界的时空，可以在互联网上自由传递和流通，从而大大提高了价值的流转速度。例如，在电商网站购物时，人们的银行账户自动扣款，并不需要线下通过纸质人民币交易。数字资产与现实空间的资产对应，实时同步。一旦发生价值变动，无论是发生在现实世界还是数字世界，价值在另一个世界的表现形式一定会同步变动。

资产数字化离不开金融科技的运用，图灵奖获得者、Pascal之父——Nicklaus Wirth 曾提出一个著名公式：程序 = 算法 + 数据结构。这个公式深刻地揭示了程序的本质特征，如果将其扩展至更为广泛的业务流程，该公式完全可以修改为"金融科技 = 算法 + 数据"。常说的监管科技、大数据征信、智能投顾、数字货币等，实质上均是算力突破奇点后，"算法 + 数据"的体现，只是侧重点各有不同而已。因此，有人对算法推崇备至，认为构建算法模仿，超越并最终取代人类，是 21 世纪最重要的能力，未来属于算法和其创造者。资产数字化正是算法与数据综合应用的典范，通过技术手段保障原生数据的可信是资产数字化的根本要求，数字资产的流通环节也需要各种技术的支撑以保证其安全、高效、协同、可控等。

资产数字化对于企业组织内部更是能降低成本和增加效率的最优解决方案。将隐私文件用技术手段进行加密和保存，安全性也会远远大于在实体中保存，毕竟现实不像电影，能将高级密码技术简简单单破解的人并不存在。而且数字化的资产也便于企业进行管理，当大资管时代来临，资产管理需要面对的资产种类成千上万，涉及大量的计算，仅靠人工将无法完成。区块链可以让不同业态的资产对价流转获得全局通货的唯一要件，就在于形成对价信任的价值流通体系的产生，而价值就是作为所有不同业态的资产，实现对价互联互通化的传输标的数字资产或者通证。

6.4　数字资产化

数字的资产化是指数字空间中的数据产生了资产价值，并可以在数字空间的不同所有者之间交易和支付。数字的资产价值产生于数字空间,其流通也完全依赖于数字空间,一旦脱离数字空间,数字就将丧失了资产价值,变得毫无意义。数字资产化的特征主要包括以下三点。

(1)数字资产化的数字资产在本质上是一串数字符号。与资产数字化相比,数字资产化的数字资产只有一种表现形式,那就是它的比特结构。脱离了数字空间,数字资产丧失了它的本质和形式,就没有了任何意义。

(2)数字资产的价值产生于数字空间。它与现实空间并不是直接相关的,而是需要经过人为的分析和解读才能对现实空间产生影响。它无法直接支配现实空间的财富和资源,只能以间接的方式提炼出有价值的信息,从而影响现实空间的价值分配。

(3)数字资产化的数字资产能给人带来可计量的经济价值,并进行交易和支付。数字空间几乎没有边界,可以无限拓展,数据也可以无限复制。数字资产产生于无限的数据中,但并非所有数据都能够成为数字资产。数据要成为资产必须能够给人带来经济价值,这种价值是可以进行计量的,并能够在不同的所有者之间流通。

纵观数字资产发展的历程,一个明显的趋势是从集权走向自治,从中心化走向协同合作,人的重要性不断凸显。区块链的价值是为每个信息节点创造相互连接的通道,每个信息节点都具备连接其他任意节点的能力和机会，其最终的结果是技术赋予人们越来越平等自由的权力，同时每个人的价值也在连接中得到最大限度的实现。随着人类互联网行为不断积累，产生大量数字资产，用新的技术手段完成人类数字资产价值转移已经提上日程，人类社会将全面进入数字时代。

第7章

链组织的激励方式
——通证与通证经济体系

07

在经济学里，研究最多的就是激励机制，即预期的结果如何影响人们的行为。如何从激励制度上给予组织以动力是一个重大命题，无论是企业制组织还是社群制组织，激励及分配制度是经济学家、管理学家一直努力解决的问题。1990 年后，有 11 位获得诺贝尔经济学奖的学者，都在试图解决以上问题。

从人类行为学的角度看，只要人类做过物物交换的尝试，货币的出现就是注定的事，而流通范围有限的代币，与人类行为有着密切的关系。在欧美国家有一种儿童行为矫正法，它是行为主义心理学家提出的一种行为塑造方法，如对行为粗野的小朋友，在他讲礼貌的时候发小红花作为奖励以强化他的正面行为。目前，很多家长在教育孩子的时候，也创建了家庭范围内的代币奖励机制，以鼓励孩子的正面行为。

7.1　信息互联网的积分激励

在信息互联网时代，很多传统商业平台都有自己体系内的、流通范围有限的积分、通证、点卡或道具系统，作为除法币奖励和回报之外的奖励体系。

例如，腾讯公司于 2002 年推出了 Q 币，用来支付 QQ 会员服务，购买虚拟装备和礼物等，借助 Q 币的热卖，腾讯公司得以获得巨大的发展机遇；近几年热门的趣头条也采用了新的积分机制，趣头条将当日的总毛利按比例（如 50%）分给当日持有金币的用户，用以奖励做了贡献的用户们。网络游戏的金币或装备，它们具有使用功能和结算功能，用户可以通过打怪升级获得系统发放的道具，也可以卖出自己的道具，网络游戏的虚拟货币设计，对于玩家有着有效吸引和激励作用。

上方于 2005 年创建了爱知客以及苹果积分系统，是较早启用积分激励启动社群和推动社群发展的实践。2005 年上方共计发行了 1.6 亿的苹果积分，爱知客用户通过注册、生产内容、分享报告或数据等付出时间、劳动、贡献和价值就可以获得苹果积分、头衔、功勋和荣誉，也可以通过消费苹果积分获取自己想要获得的内容、资料或数据，用户还可以通过购买直接获取苹果积分。爱知客的创新在于用户可以自定义生产内容的价格，相当于给了每个用户自主的定价权，极大地激发了社群制组织的活力。爱知客在 2018 年升级为爱链客，其 Logo 如图 7.1 所示，并将启用区块链积分支持整个平台的运转，继续在区块链时代为用户提供数据报告分享和学习平台。

图 7.1 爱链客 Logo

通过积分激励特定的行为分为以下三种，如图 7.2 所示。

图 7.2 通过积分激励特定的三种行为

（1）微任务：简单的人或机器完成的任务，如给人工智能要识别的图像打标签、上线签到、转发消息、骑小黄车等。

（2）中等任务：有一定门槛，但已被标准化的任务，如在平台上写文章、点赞、在交易所完成交易等。

（3）复杂任务：高门槛，非标准化的悬赏型任务奖励，最典型的就是为项目贡献代码、成为社区节点等。

很多网站和平台推出了积分、道具或者虚拟币，给消费者以相应的回报或者激励，受限于技术及时代的发展，信息互联网的积分系统都存在以下四大特点。

（1）发行机构是中心化的公司、组织或平台，对于贡献者和消费者而言，规则是可以随意被中心化机构修改的。积分的数量由发行平台决定，并可以根据发展不断增发，如果积分有价值，而平台为了获取利益，则可以不断增加积分以获取最大的利益，而用户对平台无法做出制约。

（2）发行机构是中间方，是否存在公信力完全取决于平台本身，一旦平台消失、关服或不再运营则积分和价值消失，用户的数字资产就会消失。甚至有的平台会明确规定用户所得到的道具、装备、积分和数据都不归用户所有，厂家保留所有数据、内容的所有权和解释权，用户所拥有的数字资产无法确权。

（3）积分没有被加密，且积分的信息数据掌握在中心化的平台，因此存在着极大的安全问题和隐患，积分数据可以人为做出修改，而不被发现或者制约。甚至黑客随便更改一下数值，每个人账户里的积分就可能消失。

（4）用户之间转移、流通或者销售这些积分，不但个人隐私无法得到保护，还需要依赖第三方机构，如通过淘宝平台、支付宝或者游戏的道具买卖平台，人们通过信任第三方机构或中介机构的担保而完成交易。

当前现实世界的各种权益和资产证明，包括证券、债券、积分、票据，乃至荣誉证明等，都是用户权益的一种凭证形式。在饭店吃饭，结账后商家会给一张发票，这张发票是用户的权益证明；每天走路坐地铁节省的碳排放量，被计算为虚拟的绿色能量，捐给蚂蚁森林，这也是一种用户权益证明。人们习惯于把信息互联网平台的用户权益统称为积分，它是用户的一种数字资产。

7.2　区块链世界的通证

在区块链世界，可以将积分发行在链上，基于区块链分布式记账法和区块链账户，开始记录和运行数字化资产，同时因为非对称加密算法是数字世界的产权确认体系，所以有了新的数字资产证明（如 Token），目前比较有共识的是把 Token 翻译为通证，通证即可流通的加密数字资产和权益证明。

信息互联网时代的积分非加密、没有分布式记账、没有智能合约、无法实现价值转移的数字资产。而区块链的积分即通证，是区块链综合技术上的加密、分布式记账、智能合约、价值可以被转移的数字资产，都是用户的数字资产证明，只是承载它们的基础设施从信息互联网升级为区块链。所有的技术可以上链，数据不会被篡改，通证可以更好地支撑数字文明时代每个用户的数字资产。

通证的基本特征如下。

（1）通证是一种点对点形式的加密数字资产和权益证明，点对点的传输意味着这是一个去中心化的支付系统。通证是可流通的，本身可以被交易，而且流动性很高，24小时都可以进行转移。

（2）目前大部分通证都是总量固定、永不增发的透明模式，不同于信息互联网的积分体系。由于积分体系价格固定，加上中心机构会不断增发，当积分供给大于积分实际需求时，会造成积分的价值降低，这是一种通货膨胀模式。虽然解决通货膨胀的方式并不是规定积分的总量上限，但是人们总是不太信任可以不断增发的互联网积分。

在区块链环境的通证模式中，数字资产没有面额，可以细分到小数点后很多位，因此严谨地说，通证并非通货紧缩，也是一种通货膨胀模式，只是表现形式不是增发新的通证，而是每个通证价格不断涨价。随着社群制组织持有通证人数的增加，可流通的通证就会越来越少，甚至还有不少组织的通证会采用销毁部分通证，造成总量持续下降，这也造成了通证价值的上涨。

（3）通证的价值取决于一个生态系统中有多少人可以达成共识，如果生态中的人都认同同一种通证，这个通证的价值就越大。一个社群的通证要想获得更多人的认同和共识，就需要早期的社群成员不断传播和分享，让更多的人了解，因为通证总量有限，早获得通证的难度和数量远高于后期参与的人群，因此社群中的人就会积极地推广、传播和付出，通证就成为有效激励社群成员不断努力传播和推广的价值媒介。

（4）除了少数的采用挖矿机制而非直接预挖的通证（如比特币）是由网络节点计算生成，谁都有可能参与产出比特币，而不再由中心化的机构直接发行。目前，零预挖的通证发行机制相对较少，区块链世界大部分的通证都还是由组织在以太坊上直接发布 ERC20 通证。

从互联网积分变成区块链积分，天涯社区是应用得比较好的案例之一。天涯社区创办于 1999 年 3 月 1 日，是一个在全球具有影响力的网络社区，目前有 1.3 亿注册用户，是国内领先的综合性虚拟社区和大型网络社交平台。2018 年 2 月，天涯社区将原有互联网积分停止生成和流转，转为相应数量的天涯钻，持天涯钻的用户可对社区优秀的原创内容进行点赞投票，从而通过有共识机制的系统算法与内容贡献者共同获取基于区块链技术的天涯分。

天涯钻是天涯社区的特权道具，是身份和价值数字化的象征，用以承载天涯新的社区治理结构和用户价值体系。发售总量 9 亿枚，50% 用于销售，50% 预留用于用户激励。为了控制天涯钻的流通数量，保证其价值稳定和提升，社区内所消耗的天涯钻将如数销毁。

天涯用户可以持钻挖矿、创作挖矿、投票挖矿，在区块链共识机制下，人人持钻挖掘社区原创价值内容，人人在天涯社区实现自

我价值变现。拥有天涯钻可以拥有天涯社区内的很多特权，特别是
正在开发的未来的特权。例如，改变版块列表默认页的帖子排序的
特权，影响帖子的收入高低的特权，回帖置顶的特权等。通过天涯
钻和天涯分，天涯社区实现了人人持钻，形成最大共识、共建、共
治、共享群体，高起点建设基于区块链技术的、全球领先的原创内
容与知识分享社交平台。

7.3 通证的不同类型

借鉴美国的分类方法，可以将通证主要分为以下三种类型。

1. 货币型通证

货币型通证就是人们常说的 Coin，数字加密货币。Coin 是具
备货币属性的区块链项目的数字加密货币。具有大规模广泛的共识，
得到大规模人群认同价值的可以称为 Coin。Coin 具有与货币相同
的特性：可互换、可分割、可接受、有便携性、有耐用性及供应量
有限。被绑定到一个公共区块链上的 Coin，可以发送、接收或开采，
除了充当货币的角色外，不执行任何其他功能。目前人们普遍认为
比特币、以太坊、莱特币等都是这一类 Coin。

Coin 类似于使用权通证，指的是提供数字服务并且需要通证
才能获取不受中心化控制的数字服务。只要数字服务是有用的并且
由稀缺且独特的资源支持，则对应该数字服务的通证价值就会持续

存在。使用权通证的根本价值取决于数字服务背后的基础资源的独特性，以及去中心化数字服务本身的效用。

2. 证券型通证

很多国外的基金会和区块链项目发行的就是证券型通证，也是应用型通证，这样的通证通常在特定项目中有特定的用途。

这类通证是具备权益凭证属性的区块链应用项目的数字资产证明，这些区块链应用项目都是在基础链上发展出来的，具有特定应用场景的 DApp 或者智能合约等，通证是这些应用链的数字权益证明集合的统称。可以理解为建立在基础链上面的应用项目，它们发行的数字资产属于通证，带有权益凭证的属性。

这类通证类似于工作权通证，赋予了通证持有者向社群制组织贡献工作的权力，以帮助该社群制组织发挥作用的通证。通证一般只在特定项目中有特定的用途，如应用于金融领域的通证就无法在医疗领域里使用，通证可以作为其生态系统内的一种支付方式，就局部而言，和 Coin 一样执行类似的功能。主要的区别在于通证还赋予持有人参与网络的权力，创建通证要比创建 Coin 容易得多，不用编写新代码或修改已有代码。只需使用以太坊等平台的标准模板，即可基于区块链发行自己的通证。

3. 工分型通证

积分类、道具类等信息互联网采用的数字资产，升级为区块链环境中的区块链积分，可以理解为工分型通证。

目前很多传统的互联网平台都开始采用区块链思维或者区块链技术，发行了工分型通证。工分型通证是用户权益的证明，是记录用户所有贡献行为的激励手段。

它们由单一组织发行，有清晰和可行的业务逻辑，用户可以通过付出劳动、传播、分享、邀请好友等方式获得奖励，也可以通过购买产品的形式获得额外的通证奖励，持有通证后可以获得更多资格、优惠价格等福利，从而对社群完成激励。

工分型通证避免了信息互联网时代，积分发行机构不透明、不开放、可以随时增发、篡改、被攻击、中心化的弱点，基于区块链可传递价值的属性，通证是可流通的，本身可以被交易。

各种不同类型通证的对比如表 7.1 所示。

表7.1　各种不同类型通证的对比

类型	发行方	发行模式	价值锚	兑换	清算
比特币	PoW 协议	数学计算（挖矿）	共识	交易所	区块链
Libra	Libra 协会	用户换汇	1：1兑换一篮子资产	Libra 会员	区块链
证券型通证	各基金会	用户挖矿或购买	共识	交易所	区块链
工分型通证	链组织	挖矿或赠送	链组织的产品服务	链组织	区块链

续表

类型	发行方	发行模式	价值锚	兑换	清算
信息互联网积分	单一公司	购买或赠送	兑换单一公司服务	单一公司	单一公司

本书中的案例，有工分型通证，也有区块链思维的信息互联网积分，它们都是由健康的业务支撑，有成熟的产品和服务，用户需要投入参与劳动、时间和精力，才能获得数字资产和用户权益。

7.4　通证是社群制组织的燃料

通证作为数字经济系统内的价值媒介和激励手段，解决了激活内部生态、保证系统长期稳定运营的内生动力问题，使得大规模、高效率、低成本的社会协作成为可能，催生崭新的数字时代社会经济形态。通过区块链一系列的组合拳，链组织可以完成人类上百万人、上千万人的大规模协作，而不仅仅支持传统公司最多上万人的规模，每个人的工作量、努力和贡献通过开放的智能合约，以及人们都认同的共识算法自动完成，不再需要通过传统公司人工的方式发放给员工，而是通过通证的增值等形式完成激励和奖励。

通证作为链组织价值的量化，代表所有者积分、会员、投票、资产增值分红等方面的权益。它还可以更好地量化考查不同持有者的行为绩效，更有效率地实现权责匹配。通证的价值锚定和升值是基于共识力的，进而是因共识而相聚的项目团队的属性和化身，最终是所有社群成员这一群共识人的属性和化身。

在区块链和链组织里，通证除了使用、结算、经济激励功能外，它还有支付、融资工具、导流等功能。导流功能可以帮助项目热启动。但如果通证机制设计不好，这个游戏就变得不可持续。

通证最核心的价值是建立一套激励机制，其次是在这套激励机制下可以构建可持续的治理机制，第三是可以帮助市场热启动，第四是具有资产价值，第五是具有投资价值。

7.4.1　通证最核心的价值是激励机制

价值取决于共识，只要是有共识的稀缺资源，都可以用作激励。基于通证，可以在区块链上构建一个经济激励模型，因此通证激励对于社群制组织是极为重要的，通证是社群的燃料，它可以激励社群制组织不断持续发展壮大。

对于链组织，通证激励则可以直接激励社群的成员。通证经济以通证作为激励手段，鼓励链组织的各方参与者积极地参与区块链的建设，为通证经济体系贡献算力、资源和信息，并按照区块链的规则自动获得通证的收益或奖励。在区块链的统一规则下，参与者的收益和奖励取决于其对于区块链做出的贡献，由此激活区块链生态系统参与者的积极性，释放社会生产力。

对于整个生态而言，通证是链组织中具有活力和动力的关键制度设计。没有区块链技术支撑的通证就是传统互联网时代的积分，通证对于链组织和生态而言，不仅是一种经济激励的工具或交易媒介，更重要的是通证可以促进链组织结构生态圈的自我形成、自我发展、自我运营和自我完善，堪称区块链的血液。通证可以撬动链组织的核心团队，也能撬动几万、几十万乃至上百万的社群用户共同努力，付出时间和精力共同创造。

区块链的技术成熟与否、先进与否，并不意味着区块链项目的商业就能成功，技术只是一个基础，而且技术不是一个开发者自己能解决的，它需要整个社群制组织的成员，需要专家、程序员、商业运营、传播者等不同的人一起协同。因此，区块链项目在商业上的成功，通证是关键，必须用通证建立一套激励机制，然后分析这种激励机制以及相应的治理机制是不是可持续，是否可以激励社群制组织的成员们为自己获得最佳的回报而投入时间、精力、智慧，同时为社群乃至社会做出贡献。

通证激励最成功的案例依然是比特币，随着比特币的不断上涨，越来越多的组织、公司甚至国家投入巨资挖矿获取比特币，大部分都采用水力发电、风力发电，也有的采用传统的火力发电。2019年4月，白俄罗斯总统表示要以举国之力发展数字资产挖矿，称将很快运用多余的核电来挖矿，为了更好地进行比特币挖矿，人类会加快对发电技术和能源技术研究应用的步伐，从而大大加速人类文明的进步。2019年10月28日，全国政协委员、证监会原副主席姜洋指出，全球 70% 的比特币产自中国，排名第二的印度仅占 4%，美国仅占 1%；而四川因水电资源丰富成为我国最大的比特币挖矿地。

7.4.2 通证可以构建可持续的治理机制

用通证构建可持续的治理机制，就是将链组织的商业设计成一个可以无限循环的游戏，所有参与者能持续地玩这个游戏，无限循环。优秀的通证系统最终要达到目标：通证价格逻辑与整个经济系统的逻辑能够完美配合在一起。

如选择通证要升值的逻辑？如何能够做到通证升值？通过什么样的应用或者市场的一些行为能够促进组织的通证升值？通证升值后又如何吸引更多的资源进入组织的经济体系内？最重要的是如何促进生产率的提升，包含创新，更大范围内的资源优化，以及更细致、更经济的分工协作。

如果通证价格的逻辑能够促进上面提到的资源要素的投入增加和劳动生产率的提升，以及整个组织的经济体更加的繁荣，同时，经济生态也能反向推动币值升值，这样就形成了一个完美的螺旋上升模型。币值，也就是一个市场价值的变化，正好与整个经济体里面的一个繁荣程度相互推波助澜，不断地把整个经济体推向繁荣，变成一个正反馈的过程。

比特币是相对可以无限循环的游戏，因为它简单，边界清晰，目的明确，而且它是一个闭环的系统。而以太坊除了底层公链外，它还支持二次开发，甚至应用开发，导致结构非常复杂，因此以太坊的激励机制、治理机制只能不断优化。由于以太坊的激励不足，2018 年其就在更改对全节点的激励，做不断的新尝试。

7.4.3　通证可以帮助市场热启动

在传统经济体系中，用户花钱换取同等价值的资产、商品或者服务，商品就是商品本身；但是如果在用户购买商品服务时，用户还额外获取了一定价值的通证，这相当于用户获得了在另外一个平行世界的、额外的数字资产，而且用户持有的通证在未来的价值可能会超过当初购买商品所花费的法币。

在当下的互联网世界，大部分商品都不稀缺，都过剩，一件普通的产品要想让用户买单，需要有渠道商和流量，广告流量、网红流量、私域流量等输入挖掘的各种流量资源都很难成功转化用户。即使成功卖出了产品，也有可能因为产品的各种问题遭到投诉，需要客服解决或者退货等。

通证让普通的消费品变成了消费投资品，用户在购买商品时不但获得了商品的使用价值、实物价值，还得到了商品的数字资产属性，未来还可能增值。并且购买了产品的消费者希望投资品增值，因此会极力拥护和支持产品及社群，并会传播和推荐给更多的人，消费者即使遇到产品问题，也会及时提醒或帮助改善产品及服务质量。

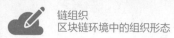

7.4.4　通证具有资产价值

通证经济就是在区块链中把现实世界的物品和投资产品通证化，即通过经过加密的通证反映拥有的资产的权利。用户持有的每个通证都对应着相应的资产、商品和服务的权益，因此它具有资产的属性。

链组织的核心资产和数字资产以通证的形式存在，每个人以持有通证的多少来享有对应数字资产的使用权。通过通证经济改造，将组织的资产收益权以通证的形式发行，然后全球都可以在公开市场购买、持有和流通通证，以此来支撑组织经济的发展和运营。

现实世界的另类资产通证化能迅速转移所有权，不需要通过银行、托管银行、清算所或者其他更多机构。个人的通证资产可以全天 24 小时进行转移，不需要像股市在工作日开盘时间才能买卖。

7.4.5　通证具有投资的价值

通证一般都是总量固定、不增发或者销毁的模式。一些组织会采用销毁通证的模式，造成总量持续下降，引起通证价格的上涨，因此通证便有了投资的价值。

并非所有的通证都具有投资价值，市场上充斥着数以万计的通证，大部分都是山寨币、空气币。但是对于真正创造价值的产品和服务，尤其是实体经济，用区块链技术、通证激励、智能合约、共识算法、资产数字化等要件，有助于解决信息不对称，逆向选择和完善激励模式，打破公司制组织的边界，削弱渠道的价值，组织长尾供给，改变企业追求垄断的天性，推动社群制组织生态不断发展壮大。

引用区块链思维，启用区块链积分，引入通证激励，将消费品变为消费投资品，用通证的方式激励社群，协调社群成员大规模协作，并以通证激励的方式对产品进行热启动，已经被越来越多传统行业的企业和组织所应用。

7.5　有无通证的不同组织对比

通证作为社群制组织的燃料，可以很好地解决组织中的激励和分配问题，而这又是传统公司制最难解决的问题，如图 7.3 所示，对比分析在是否有通证激励下，公司制组织和区块链环境下链组织的生态会发生的变化。

可以清晰地看出，图 7.3 左下角的第三象限是目前大部分的公司形态，传统的公司制没有通证，采用的是法币激励模式，强调企业管理者直接指挥员工，通过一系列的评价标准验证和考核员工是否达到了预设的目标，然后决定发放工资、奖金、福利的数量，以及是否可以获得股权等成为合伙人等，整个激励模式强调的是对员工行为和行为结果的考查与评价。公司制组织里强调的是劳动合同和加班费的保护，造成了企业管理者和员工直接对立的局面。

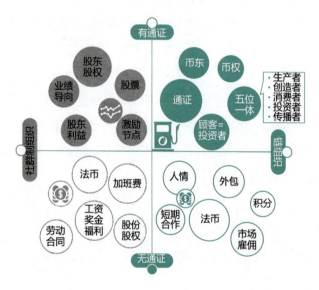

图 7.3　有无通证激励的不同组织对比

　　在图 7.3 右上角的第二象限的链组织中，通证是社群的燃料，是价值分配要素。一切为社群创造价值的人或者智能机器都可以成为社群制组织的股东，他们可获得和持有通证，因此可称为币东。币东可以是生产者、创造者、消费者、投资者或者传播者。消费者即投资者，入金即投资，链组织的所有币东都会希望通证增值，都有可能为社群制组织的发展投入自己的能力、时间、精力乃至资金。

　　因为目前大部分的公司制企业家都没有做过社群制组织，也没有接触过通证，对链组织更是毫无了解，无法感受为什么区块链是掀桌子的技术，是改变生产关系的颠覆性的时代。因此，将第三象限的无通证的公司制组织和第二象限的链组织再次做优缺点的对比，可以让大家一目了然，如表 7.2 所示。

表7.2　无通证的公司制组织和链组织对比

项目	无通证的公司制组织	链组织
股东	股东就是股东，拥有企业的股权，通常拥有企业的所有权，企业需要为股东利益最大化服务	持有通证的人都可以成为币东，股权变币权，币东是社群制组织的股东，币东可以是生产者、创造者、消费者、投资者和传播者五位一体
团队成员	雇佣全职员工，有劳动合同及各种福利，以股权激励为主，以法币支付报酬，也有一些以市场价格寻找合作伙伴、外包服务等	不需要法币、人情等作为工资或者报酬，持有通证的成员可以通过通证的增值获得收益。持有通证的人是组织的一个成员，为组织提供服务、时间、能力或者便利
代理商	代理商只是代理商，付款以合同方式约定交货条件，双方是简单的利益关系，甚至有可能会因为交货时间、期限等产生很多成本和摩擦，会力求成为某个国家或地区的独家代理等优惠条件等	代理商不再仅仅是代理商，还是生态的节点。代理商付款后不但拥有商品，还可以拥有通证。因为通证的激励作用，代理商会成为生态组织的一个节点，同时并不再争取成为独家代理，而是代理（节点）越多越好，可以促进整个生态组织的繁荣
顾客或消费者	顾客就是顾客，是为商品最后买单的人。除了使用商品外没有其他收益	顾客不但拥有商品，同时还可以通过持有商品获得通证，成为币东，既是消费者，也是投资人，可能会因为通证的增值获得更大的收益，消费都能赚钱

续表

项目	无通证的公司制组织	链组织
商品	商品只是商品	商品不再仅仅是商品，而是可以帮助消费者挣钱的商品，及消费投资品，能让消费者躺赚的商品是最有市场竞争力的商品
合作伙伴	以法币结算的市场行为，不长久也不持久，还可能出现你多我少的局面	持有通证的各类合作伙伴是社群生态组织的一部分，为共同的利益形成共赢关系

公司制组织如果发行通证，最大的问题来自公司的股东，很多投资机构或投资人投资一家公司的最终目的就是为了获得巨额的回报。通证是一种数字形态的资产，既然是资产，股东就希望获得相应的通证，但是并不会付出额外的努力和劳动，也不会为业务的生态创造价值，因此也就打破了整个通证经济系统的平衡。

如果一家有通证的组织是公司制组织而非社群制组织，同时处理股东和币东的关系是有困难的。衡量一家公司制组织的价值是用现金流量表、利润表以及企业市值和规模等，而衡量一个社群制组织的价值体现在币东群体的数量，以及对社群制组织的共识、通证的价值等。当一家公司为通证持有者分红，就意味着通证和股票没有区别了。

如果是链组织发行的通证，它的数字资产的创建是根据规则来的，而如果是公司制组织发行的通证，归根结底还是基于人的意志创建，甚至是依据个别人的意志创建。通证经济要想做大，背后的组织越包容越好，组织和交易成本越低越好。从这个意义上说，社群制组织结构确实给通证经济更大的想象和操作空间。

这也是目前很多开始觉醒的公司制组织转型链组织时遇到的最大困难，无论是观念上的惯性思维，还是公司的股东要保有自己的利益最大化，或者是因为区块链的早期阶段没有相应的规则可以遵循，只能摸着石头过河，链组织的发展过程是充满曲折和反复的，是螺旋式上升的道路。

在图 7.3 右下角的第四象限中，无通证的链组织，因为不能以公司制的现金流量表和利润表衡量链组织的价值，因此链组织的价值是无法被量化的，无法被估值，没有价值或者价值较小。因为无法被量化，也很难将链组织的价值兑现，所以有一些链组织通过做微商、网红销售的方式兑现粉丝价值。但是消费者依然还是消费者，是为链组织买单的人，所以通常也无法充分调动其所有组织成员的积极性，只能靠市场合作、外包、人情、信任或者信仰等方式。

发行通证的链组织，成员发展裂变速度快，社群自我管理效率高。免费注册的会员利用社交关系和社交网络发展自己的团队，进而形成更大规模的社群。社群内部自我管理，节约了公司大量的成本，并且发展裂变速度之快是任何模式所不可比拟的。

而链组织的价值可以被数字化，发行通证可以将社群制组织在过去所拥有的价值充分的数字化、资产化，可以被量化、更好地估量其数字价值。发行通证将记录每位成员为社群制组织付出时间、劳动、能力、金钱、脑力等贡献，不但是给社群成员的数字权益证明，更是一种荣誉和象征。

区块链时代，通证经济模式必将引领时代，不能及时转变和适应的公司可能会落后于市场。通证经济可以将商品数据化、服务数据化、资产数据化、资产通证化、通证流通化、流通激励化，是不断替代现有公司制组织模式的、更高阶的人类文明经济体。

7.6　通证激励设计规则

所有的通证激励设计，核心价值就是建立链组织的激励机制与分配机制，并尽可能地将激励机制设计成为可以无限循环的闭环系统，以保证链组织在无人管理、无人推动的情况下可以最大限度地实现社群自治，同时生存和发展的时间更为持久。

1. 业务逻辑需要健康可行，产品服务存在需求市场

通证经济系统必须要有业务支撑，而且业务逻辑合法，要有人们需要的实际产品或者服务，不能是违法的产品和服务。在区块链时代，由于链组织所代表的商业模式和公司的商业模式完全不是同一个概念，所以两者的业务逻辑也有很大的不同。

传统行业和传统互联网的公司，首先要找到用户的需求，针对用户的需求，提供有针对性的产品和服务，满足他们的需求，然后在这个过程中实现盈利。而链组织首先通过聚集人们的需求、流量形成生态，然后再考虑人们如何协作来满足这些需求，并让生态的价值不断增长。

2. 要具有内在价值

业务逻辑健康可行，产品和服务确实存在需求市场，不能是伪需求，通证才有可能具备价值。通证的内在价值是指项目提供的产品和服务是人们所需要的，要么能满足人们的某些需求，要么能促进社会的进步和发展，或者创造出新的需求。

3. 经济系统需要与业务逻辑自洽

设计的通证经济系统应当和业务逻辑是相互融合、相互支撑的，而不能完全不相干甚至相悖。经济系统要能促进业务逻辑运行，包括稳定、完备运行。稳定运行是说业务逻辑可以长期运行下去，只有长期运行下去，这个经济系统才是可持续的，所对应的生态才有可能产生真正的价值。完备运行是指业务逻辑的主要部分都能在系统运行的过程中形成闭环，或者有存在的价值；否则，如果所设计的经济系统在运行过程中让业务逻辑的某些部分缺失，长时间运行后，整个系统就有崩溃的风险。

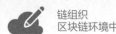
4. 应有长期升值的完整逻辑

通证长期升值的完整逻辑是既要让人们相信它能长期升值，从而产生行动，又要让人们通过行动看到成果，进一步确信通证能长期升值。每个项目，它的通证长期升值的逻辑也都有不同。所以，真正长期升值的逻辑，还是要根据具体项目具体分析。

但有一些项目的通证长期升值的可能性很大，如有的项目已经有了几百项专利技术，在某个领域是独一无二的拳头产品；有的项目确定能够通过产品、服务或者其他特殊的价值，源源不断地吸引更多的人加入系统中来，并且创造出更多的或者新的价值等；某个领域的艺术家的项目，对艺术成果的知识产权进行数字化，并为此发行了通证等。

5. 分配规则清晰透明，激励人们做出有益行为

通证一般有四次分配行为：零次分配是指通证被创造出来后，首先应该分配给哪些最初的持有人；一次分配是指通证在使用和交换的情况下的分配机制；二次分配是指经济系统在运行过程中，由治理机构管理的通证的分配方式；三次分配主要是指通证持有者应当依据怎样的规则进行捐赠、馈赠和打赏。

四次分配的规则清晰、透明，实质上就是强调这是项目能获得人们信任的基石。设计的通证经济系统，要让人们因为利益而聚集、形成生态并产生价值。如果通证的分配规则不够清楚、信息不对称，人们就无法产生信任感，导致项目最终的效果乏善可陈甚至失败。

很多项目会将通证的分配规则写进智能合约，就是为了清晰、透明、精确地按照规则分配通证，认可项目和通证分配方式的人清晰，通过做出项目鼓励的行为获得通证，从而推动项目的发展。写入智能合约的通证分配规则已经比现实世界的利益分配规则要公开、透明、公平和平衡。

6. 公开透明的治理规则

区块链在尽可能多的环节都在倡导公开透明，这既是技术的保障，也是社会的进步；同时它既是获得人们信任的一种方式，也是在将知情权归还给民众。所以治理规则的公开透明也是项目的基本要求之一，规则的公开透明让人们认可和信服，信任将产生巨大的能量。

很多社群制组织中，已经做到公开透明、健康开放、吸取广泛的意见，将治理交给社群，但是因为社群是由人组成的，只要有人的地方就会产生信息不对称；同时社群制组织比较自由，尤其目前还是区块链的早期阶段，链组织还在不断发展中，也会有很多变化发生，很多规则无法提前写入智能合约，所以要想治理好链组织，仅仅依靠公开透明，以及领导者和团队的自觉自律是不够的。

7. 通过经济刺激和博弈结构设计让个体建立协作关系

在传统的公司制内部，人与人之间是既竞争又合作的关系。竞争是因为相对整个项目，每个人能分到的蛋糕比例是有限的，一方分得多一点，另一方自然就会分得少一点。

但是在链组织中，人人都持有通证，人们不但为自己的回报努力工作，同时无论谁付出努力，都是让整个生态越变越好，通证的激励机制就是让人们实践大规模合作能将蛋糕越做越大，通证的价值越来越大，即使每个人的通证并不多，价值却可以越来越多。

一个优秀的通证激励机制的目标就是激励人们在无人管理的情况下，也可以自发工作乃至自燃，彼此之间可以大规模协作，同时又能无限循环。

第8章

链组织的互信机制
——智能合约

　　智能合约（smart contract）概念由计算机科学家、密码学家尼克·萨博（Nick Szabo）在 1993 年左右提出。1994 年他写了《智能合约》论文，这是智能合约的开山之作。尼克·萨博为智能合约下的定义：一个智能合约是一套以数字形式定义的承诺（promise），包括合约参与方可以在上面执行这些承诺的协议。

　　智能合约允许在没有第三方的情况下进行可信交易，这些交易可追踪且不可逆转。智能合约承诺控制着数字资产并包含了合约参与者约定的权利和义务，目的是提供优于传统合约的安全方法，并减少与合约相关的其他交易成本。

　　智能合约程序不只是一个可以自动执行的计算机程序，它本身就是一个系统参与者，对接收到的信息进行回应，可以接收和储存价值，也可以向外发送信息和价值。这个程序就像一个被信任的人，可以临时保管资产，总是按照事先的规则执行操作。

8.1 传统合约和智能合约

在现实社会中，有很多场景需要签署合同，以约束双方的经济行为，但是即使签了合同，也无法保证在合同期内双方就一定能完整履行合同内的承诺。传统的合约会受到各种维度的影响，如自动化维度、主客观维度、成本维度、执行时间维度、违约惩罚维度、适用范围维度等，有时候还需要打官司以诉诸法律，在执行流程上增加了很多的执行成本。而智能合约则在很大程度上解决了这些问题。只需要提前规定好合约内容，程序就会在触发合约条件的时候自动执行合约内容。

智能合约相对标准化的传统合约有两大优势。

（1）智能合约中的记录是可信且可共享的。由于智能合约的内容非常安全，合约各方甚至无须备份，这将给现代企业带来很大价值，因为现代企业中通常存在多个部门，这些部门由于缺少单一可信的记录而导致工作流程产生冲突。

（2）智能合约具有高度确定性。传统合约有时候由于错误或合约某一方不愿意履约而无法按约定执行，而智能合约所运行的环境决定其可以严格按照约定条款执行，而无须在每个环节都进行审批。如果事先设定的条件被满足，合约中的关键参数将自动执行。

8.2 智能合约和区块链

在信息互联网时代，智能合约的工作理论迟迟没有实现，主要原因在于采用计算机程序来定义合约，有执行自动化和语言无歧义等优越性，但是也带来一些不便。相比于传统的纸质合约，没有编程背景的普通用户不具有对合约内容进行审查的能力，更无法制定自己想要的合约，具体表现在以下两方面。

（1）由于智能合约需要一定的技术门槛，其控制权仅掌握在某一特定组织手上，合约的执行也仅仅是在组织内部的某台机器上运行和调用的。一方面，由于普通用户无法确定合约程序是否能达到想要的效果，他们只能单方面地相信组织对合约的解释权，但却无法排除组织用合约干坏事的可能性。另一方面，计算机程序远比想象的更脆弱，黑客可以突破各种防线实现合约的篡改，损害用户的利益。黑客甚至可以抹去篡改的痕迹，所造成的损失也找不到人来承担。总之，很难找到一个合适的环境保证智能合约的不被篡改和真实性。

（2）传统智能合约仅能支持进行定期支付或约定还款等基础而简单的业务，不能完全支撑复杂的业务流程。合约的开发完全是由银行等组织完成的，甚至是嫁接在硬件设备上，如自动售货机，用户难以个性化定制所需的合约。在某种程度，虽然智能合约在某些方面提供了便捷，但应用却极为有限。

正因为上述一些明显的缺陷，使得智能合约很难受到社会的关注。如果有一种方式能够自动保证合约执行的可信，智能合约就能发挥更大的作用。幸运的是，区块链的出现为智能合约提供了这样一个平台。区块链将智能合约程序记录并复制在分布式网络上，让网络上的所有计算机同时执行合约，只有当所有机器都认可结果后，才会执行相应的操作。运行在区块链上的智能合约有三个优势，如图 8.1 所示。

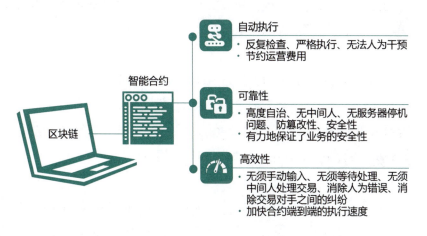

图 8.1　运行在区块链上的智能合约的三个优势

（1）自动执行。在区块链生态环境下，任何独立的一方都无法控制智能合约的执行过程。分布式的特性保证所有参与方都必须反复检查合约的执行正确性，任何与预定义规则不合的行为都会被其他参与者禁止。区块链会同时在所有机器上模拟合约的运行，通过互相比较执行结果保证结果的真实性。只有当他们认同结果后，才会认可合约操作并真正的执行。一旦合约代码完成并发送至区块链，合约就会严格按照代码执行，无法人为干预。因此，在合约整个生命周期中，公司或组织相关的运营费用会大幅下降。

（2）可靠性。智能合约拥有高度自治的特性，因此可靠性大大高于通过中介展开交易。由于无中间人，因此也无法贿赂中间人或对其展开攻击，另外也不会存在服务器停机问题。由于智能合约没有妥协机制，无法逃避合约义务，因此天然具有防篡改性和安全性。合约程序一旦被篡改，能很快被发现，从而屏蔽掉被恶意篡改的代码，有力地保证了业务的安全性。

（3）高效性。与通过第三方执行的数字化协议相比，智能合约极其高效。合约双方都无须手动输入数据然后等待另一方处理，也无须中间人处理交易。智能合约可以消除人为错误和交易对手之间的纠纷，因此能加快合约端到端的执行速度。

从本质上而言，智能合约是一种直接控制数字资产的计算机程序。通过在区块链上写入类似 if-then 语句的程序，使得当预先编好的条件被触发时，程序自动触发支付及执行合约中的其他条款，也就是说，它是储存在区块链上的一段代码，由区块链交易触发。

例如，智能合约的数据输入可以是一项资产在某个具体时间点的市场价格，而数据输出可以是智能合约触发的真实世界中的操作，即如果资产价格在某个日期达到某个价位，则执行向对手付款的操作。在这里的数据输出涵盖内容广泛，包括支付、数据传输、账户余额更新、访问权限等。

在区块链，代码即法律，基于区块链技术的智能合约不仅可以发挥智能合约在成本效率方面的优势，而且可以避免恶意行为对合约正常执行的干扰。由于智能合约是自动执行的，因此合约双方都无法改变条款或违背约定。一个合约是否拥有确定性也决定了其付款是否能得到保障。将智能合约以数字化的形式写入区块链中，由区块链技术的特性保障存储、读取、执行，整个过程透明可跟踪、不可篡改。同时，由区块链自带的共识算法构建出一套状态机系统，使智能合约能够高效运行。

比特币开创了区块链及电子现金的时代，以太坊则开创了智能合约的时代。以太坊作为区块链智能合约的先驱，为智能合约系统的设计思想、经济模型、技术实现等方面都做出了巨大的贡献。同时，以太坊平台上也已经存在了大量的分布式应用程序（DApp），这些DApp的功能各异，有对赌协议、数字资产、电子黄金、游戏平台、医疗保险、婚恋平台等，覆盖各行各业。

8.3　智能合约的应用

虽然世界各国政府、金融监管机构和银行对加密货币的立场从极其谨慎变成谨慎接受，但加密货币背后的技术，区块链和智能合约已被广泛认为是具有革命性的，并且正在各个层面实现这些技术。

例如,美国信托与清算公司（DTCC）和四大银行（美银美林、花旗、瑞士信贷和摩根大通）成功地使用 Axoni 开发的智能合约交易区块链信用违约掉期。智能合约使用了如个人交易详情及相应风险指标之类的信息，这提高了合作伙伴和监管机构信息处理上的透明度。

同样，由 61 家日本银行和韩国银行组成的财团一直在测试 Ripple 的区块链和智能合约，以实现两国之间的跨境资金转移。就连俄罗斯政府控制的俄罗斯联邦储蓄银行（Sberbank）都在俄罗斯这样一个众所周知的反加密货币国家测试以太坊区块链及其智能合约。测试结果是俄罗斯联邦储蓄银行加入了以太坊企业联盟（EEA）。这是一个由 100 多家企业组成的联盟，其中包括了美国思科和微软、英国石油、荷兰国际集团（ING）等顶级企业。该联盟旨在开发一种面向商业用途的区块链，用它可以开发和实现这些公司所需的智能合约。

目前，区块链和智能合约已经被美国政府和监管机构关注，美国金融管理局（FINRA）和美国商品期货交易委员会（CFTC）正在积极探讨智能合约的立法和监管障碍，华盛顿监管机构过去两年一直在积极参与区块链行业，了解这个行业的发展状况，推动金融监管协会之间的区块链信息共享，并尽最大可能让监管和法律框架的步伐与区块链保持一致。

人们生活中的各项事务，包括工作、娱乐、金融协议、交易条款等都依赖于各方履行承诺才能顺利开展。合约制定越滴水不漏，合作就会越顺利进行。智能合约能应用的场景将非常广泛，如证券登记和清算、差价合约、通证系统、储蓄钱包、农作物保险、金融借贷、设立遗嘱等众多行业都可以受益于智能合约的使用。

2017 年，美国数字商务商会（CDC）、智能合约联盟（SCA）联合德勤发布了题为《智能合约：12 种商业及其他使用案例》的智能合约白皮书。其贯穿了十几种智能合约能够自动化和重新定义的不同领域。

1. 数字身份

就个人而言，智能合约可以让用户拥有和控制自己的数字身份，如信誉、数据和自己的数字资产。智能合约还可以指定哪些个人数据可以或不可以与企业共享。白皮书称其为一种以用户为中心的个人互联网。

好处：个人数据控制；企业不再负责保管数据，减少压力。
挑战：单点失败成为黑客攻击目标；第三方机构可能成为数据
　　　泄露点。

2. 记录

围绕规定的合规性实现自动化，如智能合约轻易做到按一定日期要求销毁记录。根据白皮书，智能合约可以数字化统一商法典（UCC）备案流程并自动记录更新和发布，同时自动完善银行在创建贷款过程中的证券利息。智能合约需要能够在分布式账本上存储数据，并且不会减缓性能或者破坏数据隐私。

好处：降低法律费用，自动贷款跟踪，自动记录处理。

挑战：摆脱纸质备案；UCC 和政府备案 / 归档是手动的，容易出错。

3. 证券

随着越来越深入金融技术，智能合约用于资本化股权结构表（cap table）管理能够简化很多事情，如帮助私人公司自动股息支付、股票分割和负债管理流程。白皮书认为人们将会看到私人证券市场的应用要比公开证券市场快。智能区块链证券公司 Symbiont 已经开始推动股票证书向使用加密区块链签名转变。

好处：数字化终端到终端的证券工作流程，自动股息支付，股票分割。

挑战：基于手动和纸质的流程的更换，中介增加成本和风险。

4. 贸易金融

白皮书表示，从全球范围来看，智能合约可以推动简化全球商品转移，带来更高资产流动性。信用证和贸易支付发起流程自动化可以在买家、供应商和金融机构之间创建一种更高效、风险更小的流程。

好处：更快的付款批准，更有效的贸易、运输和合同协议。

挑战：实体文件管理，文件欺诈，重复融资。

5. 衍生品

金融技术行业被认为是最大的区块链创新推动者是有原因的。智能合约可以为衍生品（一种具有资产价格的证券）执行一个标准的交易规则集来简化 OTC 金融协议。Symbiont CEO 和智能合约联盟联席主席 Mark Smith 将 OTC 金融协议称为最迅速的智能合约使用案例之一。

好处：自动结算和外部交易事件处理，实时位置评估。

挑战：多余的 OTC 资产服务流程，纸质交易协议。

6. 金融数据记录

智能合约可以用作一种企业级会计账本来准确、透明地记录财务数据。一旦开发出基于区块链的标准、与传统系统的互操作性以及简化的交易门户和市场，这个使用案例可以改进从财务报告到审计之间的所有流程。

好处：交易数据的完整性和透明度，降低会计数据管理成本。

挑战：会计制度存在错误与舞弊，资本密集型过程。

7. 抵押贷款

抵押贷款流程一般是一种手动且容易混乱的过程。智能合约可以对包括支付处理、财产扣押权的各方面进行自动化交易。这些流程的自动化可以使财产封存和抵押贷款协议签署流程更加迅速和高效，但如果没有基于区块链的数字身份就无法实现。

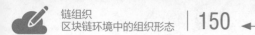
好处：自动释放留置权，降低误差和成本，提升财产数据可见性，验证。

挑战：各缔约方之间的摩擦（合约、借款方、房地产的产权记录），数据隐私。

8. 土地所有权记录

财产转让和土地所有权方面到处都是欺诈和纠纷。智能合约可以提高财产转让交易的完整性、效率和透明度。世界上很多国家，包括格鲁吉亚、加纳和洪都拉斯，都已经在实施区块链用于土地所有权记录。

好处：可以避免抵押贷款欺诈。

挑战：某一相同的财产具有多个所有者，手动延迟，身份验证。

9. 供应链

智能合约能够为供应链的每个环节提供更高的可见性，与物联网设备进行协调，从工厂到销售点，跟踪被管理的资产和产品。像Everledger 和 IBM 这样的企业已经将区块链用于供应链可见性，跟踪珠宝和猪肉产品。

好处：简化复杂的多重机构系统，跟踪库存，降低欺诈和盗窃风险。

挑战：数据不兼容和供应链盲点。

10. 汽车保险

在汽车行业，智能合约可以自动化保险索赔流程，提供接近瞬时的处理、验证和付款流程。例如，如果两辆车相碰发生交通事故，可以在几小时或几天内通过保险解决索赔，而不是几周或者几个月。汽车保险理赔流程令人沮丧，非常不连贯，而智能合约能够帮助用户清理整个流程。

好处：使用传感器为车辆带来一种自我意识和损失评估，提供一种保单数据存储库。

挑战：主观损伤诊断困难，重复的形式和保险商验证。

11. 临床试验

涉及参与者的数据隐私和监测所涉及的试验时，临床试验或涉及人的医学研究通常都是一些敏感的协议。智能合约可以成为一种用于跨机构可见性的机制以及创建基于隐私的规定，改善机构间的数据共享，自动跟踪患者意愿。白皮书称其为临床试验社区中积极破坏的潜在力量。

好处：增加试验的可视性，数据共享，自动跟踪患者意愿，保护病人隐私。

挑战：申报不足，不一致的同意管理，机构延迟。

12. 癌症研究

智能合约可以释放数据的力量，以促进癌症研究的共享。类似于临床试验，智能合约可以实现患者数据同意管理自动化和鼓励数据共享，同时维护患者隐私。

好处：数据共享，保护病人隐私。
挑战：烦琐的、跨机构的研究共享。

通过区块链和智能合约，现在可以想象一个世界，在这个世界中合约以数字代码的形式嵌入，并存储在透明的共享数据库中，从而避免被删除、篡改和修改。每个协议，每个过程，任务和付款都会有一个数字记录和签名，可以被识别、验证、存储和共享。像律师、经纪人、银行家和公共管理者这样的中介机构可能不再是必要的；个人、组织、机器和算法会自由地交易和相互作用，几乎没有摩擦，交易成本也很小。

区块链技术的出现解决了可编程合约缺乏数字系统技术的问题，智能合约将从根本上改变个人和组织达成协议和履行约定的方式，强大可靠的智能合约被大规模应用将会是保障社会平稳运行的基石。由于智能合约更安全且确定性更高，它能提高社会的公平性，并且更加以社群为中心。人类文明已经从身份社会进化到了契约社会，而区块链下的智能合约，则有望带领人类从契约社会过渡到智慧型自动社会，未来世界将可能成为由智能合约管理而非人治的社会。

链组织的组织形式
——社群与节点的建设

9.1 链组织的节点与建设

区块链环境下的链组织，同样具备传统社群制组织的特点，但是通过分布式记账、通证激励、智能合约、共识算法等要件，可以解决信息不对称、社群与成员间的逆向选择和完善激励模式等问题，这让链组织有了新的变化。

链组织的社群领导者等同于社群的共识和智能合约，社群的追随者等同于节点，社群的跟随者变成了矿工，如图 9.1 所示。通过共识和智能合约约定社群的规则，近似无人区块链，不再由领导者或者人管理，而是让程序自动管理。传统社群制组织的追随者变成了链组织的节点，组织某个国家、城市、行业或范围内的社群制组织，提供算力，参与劳动和贡献；而传统社群制组织的跟随者则变成了矿工，付出时间、劳动、能力和智慧，共同参与挖矿。

节点原意是指计算机的网络节点，在数据通信中，一个物理网

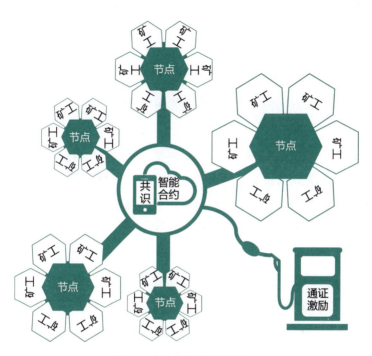

图 9.1　链组织的节点及社群

络节点可以是数据电路端的连接设备，也可以是一个数据终端设备；
在区块链中，节点指的是区块链网络中的设备，包括手机、矿机、
计算机或者服务器等。而操作一个节点的人可以是普通的钱包用户、
矿工和多个人协作。在不同的语境下，硬件资源、生态资源、普通
的组织或个人都可能被称为节点。

链组织的节点是指链组织实现社群运营、达成目标的重要合作
伙伴及社群成员，可以理解为传统社群制组织中的追随者。节点也
是社群之一，一个大的链组织是由无数个节点社群组成的。节点的

主要职责是为节点的有效运行提供必要的硬件资源或生态资源，并参与生态业务的开拓和构建，同时享受有关奖励与收益。硬件资源包括算力支持、分布式存储以及记账等物理资源；生态资源包括流量、社会及公众影响力、社群成员等虚拟资源。

信息互联网时代的社群节点非常重要，很多社群投入了大量时间，却依然无法实现高而持续的流量转化。原因是信息互联网没有通证，针对社群以及节点的奖励机制只能依靠互联网积分或者其他方式，这会遇到比较麻烦的相关流程和手续，如需要计算企业税费、个人所得税等，而且从官方账户汇入个人账户时，也有相关的法律规定，无法便捷、高效地建立起节点的激励机制。因此，信息互联网的社群节点激励往往很难建立。

而在区块链世界，通证成为社群制组织的燃料，创造基于通证的奖励机制，很容易获得节点的共识，同时通证的奖励、分配及变现比法币的奖励操作起来要容易很多。基于节点的奖励机制、管理规则需要事先公开，达成节点共识后，再利用合约或者智能合约执行，节点主体之间的价值流通就会自动而高效完成，节点社群就会被激活。

9.2　去中心化的社群及节点DAO

去中心化的链组织，也可以称为分布式自治组织（distributed autonomous organization，DAO）。DAO 通过区块链执行智能合约实现业务自动运转，即通过一系列公开公正的规则，可以在无人干预和管理的情况下自主运行的组织机构，智能合约预先设定，并以开源的形式在网络上公开，每个人可以通过购买或者提供服务成为组织的投资人，投资人可以参与组织的运营，参与组织的成长，并且分享组织的收益。DAO 是链组织的一种去中心化的形态，是区块链世界完美的链组织，但是并非所有的链组织都是 DAO，大部分的链组织都有相对中心化的创始团队。

最彻底的去中心化的链组织就是比特币社区，比特币社区没有中心化的公司在运营，运营依靠比特币社区、论坛、社交网站等一群有共识的人支撑，这些社群都可以称为比特币的节点。2019 年比特币的活跃地址数从年初的 60 万增加到 90 万，Bitcointalk 成员数超过 259 万，Blockchain 钱包用户数超过 3800 万。GitHub 中主代码库开发者 625 人，版本迭代超过 200 次，Fork 数超过 23 000 次，开发者数量远超任何项目，代码质量极其优良。比特币社区是当今世界上最成熟和具备自我纠错能力的社区，社区极其活跃，共识极强。同时创始团队基本上已经被边缘化，甚至中本聪是谁，也已经不重要了。

另外一个去中心化的 DAO 是狗狗币社群。2013 年，澳大利亚人杰克逊·帕尔默（Jackson Palmer）与美国人比利·马库斯（Billy Markus）本着开玩笑的初衷创造了狗狗币——Doge。在西方社会，小费、打赏、慈善是被广泛接受和普及的社会文化，而狗狗币在众多的慈善组织、捐款、小费支付等场景出现和被使用。狗狗币无预

挖，总量 1000 亿枚，出块时间 1 分钟，挖完后每年增发 50 亿枚
（5%），区块奖励为 10 000 Doge，每 1KB 交易数据的固定手续费
为 1Doge。

狗狗币目前没有一个专职开发的团队，创始人杰克逊·帕尔默于 2015 年从社区隐退，此后由狗狗币基金会和自由职业者社区成员兼职开发。创始人的隐退对于狗狗币而言是改变项目发展道路的重大事件，狗狗币高度去中心化的发展道路，强社区模式渐渐成为发展引擎。狗狗币的持币地址相对于大多数币种较为分散，Top10 地址所拥有的狗狗币数量约为 28%，且近来仍在继续下滑，去中心化程度较高。狗狗币社区成员在整体上对于狗狗币有着较高的忠诚度和认可度，社区凝聚力和共识维护能力较强。

狗狗币中国社区于 2019 年 5 月成立，是由基金、媒体、活动费、区块链项目方、矿池、量化机构、交易平台和狗狗币共识用户共同发起的，旨在继续帮助狗狗币在中国的推进与落地。在技术方面希望与国际社群达成共识，继续更新和维护狗狗币的技术代码。狗狗币中国社区建立了超级主节点，如社区核心成员、决策委员会、执行委员会、监督委员会、技术委员会等，并不断组织各类活动，加强和众多其他社群之间的合作，召开相关会议，组织决策委员会竞选，推出各类狗狗币的吉祥物，宣传和普及狗狗币等。

9.3 多中心化的社群及节点建设

多中心化的社群及节点建设是目前大部分区块链项目的组织特点。通过社群的共识和智能合约，可以建立起分布在全球的多中心化的节点和社群。智能合约公开透明，不服从任意一个中心化的机制，每个多中心化 DAO 都运用区块链技术维护它的金融交易记录以及对交易进行验证，并且该组织中的每个成员都可以在决策过程中参与投票。

多中心化节点社群中，不同的参与者可能生活在不同的国家，因此会受到地理空间以及不同司法权的制约，多中心化社群制组织通过自我执行的开源协议，给每个参与者提供了一个点对点的运营平台，实现更快、无国界的互动。

多中心化社群的形成取决于创始团队的努力，如果没有早期中心化创始团队持续不断的努力，一个项目往往会迅速死亡，根本等不到形成多中心化组织的时候。比特币也是中本聪在 2009 年挖了将近 1 年多，才开始被其他人所认同并加入比特币挖矿的。因此创始团队需要在项目发展初期付出很大努力，推动业务健康发展，并让更多的人达成共识加入社群，才能形成多中心化的组织和社群。

需要说明的是，很多传统企业在转型链组织的过程中，以前是金字塔结构，完全的中心化，要想变成链组织的多中心化，乃至去中心化几乎是难上加难。一方面是企业基因导致的，另一方面是思维惯性导致的。很多新区块链项目刚创建时，也都有创始人、创始团队，大部分的创始团队往往也都是高度中心化的结构。这样的链组织是初级阶段的链组织，不能称为 DAO。

高度中心化的结构会变成少数人的游戏，无法得到社群其他成员的共识，更无法组织社群成员大规模协同，完成单靠一家公司、一个小组织根本不可能完成的任务。因此，传统企业要想转型链组织，最重要的一个步骤就是将公司本身变成社群的一个节点，不再以自己为中心，而是建立多中心化的组织结构，之后再开始跨地域建立大规模协作的社群和节点，开启共同发展的局面。

9.4　链组织的成长与荣誉体系

马克斯·韦伯指出社会分层是由于三个要素的交互所构成，即物质、声望和权力。

（1）物质。如果有人能控制某种物质，他就能比其他人拥有更多力量，并且能使用该物质令他获益。

（2）声望。拥有物质不一定能巩固力量，有一些人声望很高但物质不多，他依然很有力量。

（3）权力。人达成其意愿的能力，是一些人对另一些人造成他
们所希望和预定影响的能力。

每个人都希望在社会中拥有相应的社会地位，在链组织中同样
也不例外。一个刚刚建立的没有成长和管理体系的社群，是无法吸
引社群成员做出贡献的，就像一个人在一个社群里已经是核心成员
了，就很难有兴趣在另外一个社群里重新做个普通成员。一个链组
织创立时的激励机制设计，对创始团队来说非常重要，虽然通证作
为财富是社群制组织的燃料，但是人们只有财富和物质激励是不够
的，这无法让社群保持充分的活力，因此还需要有社群地位（权力）
和社群荣誉（声望），因此每个社群都应该创建成员激励体系。

链组织的成员激励体系让成员可以通过自己的影响力、贡献、
财富、知识、能力、技巧等各种方式获得自己的社群地位，而拥有
了更高的社群地位,则意味着会获得更多的通证分配或者奖励。例如,
社群竞选中的超级节点和普通节点相比，超级节点就拥有了更多的
权力，拥有了更多的收益和挖矿的优先权，这就是社群中的地位。

链组织成员激励包括通证体系、成长体系、荣誉勋章体系三大
主要体系。

1. 通证体系
第 7 章已经详细介绍了社群制组织的燃料，通证及通证经济，
这里不再赘述。

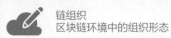
2. 成长体系

成长体系即会员等级，记录和展现成员在社群制组织中的贡献和价值，成员的贡献越大，等级就越高，拥有的权力也就越大。例如，有的链组织设置了发起人、创始人、联合发起人、股东合伙人、事业合伙人，超级节点、城市节点、普通节点等各种头衔，根据不同成员的贡献和价值给予相应的社群地位，让组织成员在社群中获得成就感和归属感。同时让不同等级的成员拥有不同的分红权、挖矿权、奖励权等。

一个链组织的超级节点、城市节点、普通节点也是社群成员的成长体系，根据社群成员在一定范围、城市、时间内的贡献、付出和业绩给予不同的成长奖励和额外的收益等。一个社群设计的不同级别的矿机，也是用户成长体系，根据用户的贡献不同，可以获得不同等级的矿机，进而通过矿机获得更多收益。

在很多互联网平台、网络游戏，以及手机 App 产品中都有用户成长体系，大部分产品还有积分，如 Q 币等。虽然面向的都是普通人群，都在激励用户付出行为，但是因为整个生产关系已经发生了巨大的变化，因此链组织用户成长体系和信息互联网用户成长体系是不一样的，这中间有着非常大的差异。

传统的信息互联网用户成长体系，因为用户和管理者是对立的关系，因此其成长体系建设的目的是激励用户不断付出时间、金钱、努力和风险，平台的目的是获得收入和利润，尤其是网络游戏。信息互联网和链组织用户成长体系对比如表 9.1 所示。

表9.1 信息互联网和链组织用户成长体系对比

项目	信息互联网用户成长体系	链组织用户成长体系
激励的对象	用户就是用户，身份是产品的使用者；可以分为普通用户、忠实用户等，用户和经营组织者是分离的，乃至是对立的，是管理与被管理的关系	消费即挖矿，入金即投资，用户就是社群成员，社群成员也是用户，用户和经营组织者、传播者、投资者可以同位一体，用户成长体系就是成员成长体系
激励的方向	让用户产生特定行为，提高用户留存、用户活跃度，增强用户黏性等，增加用户数量；用户行为转化价值，将用户变成可以付费的高价值用户	激励成员共同参与社群的生态建设，根据贡献和业绩给予不同的奖励，并基于共同的价值观和使命，鼓励社群成员实现共同的目标
最终的目标	满足公司的某项指标要求，增加营收收入，获得平台流量，增加平台的内容，公司获得资本的认可，提高市值以及资本市场变现	得到越来越多人的共识，通证可以让所有人的短期目标和长期目标共存，社群成员共同努力让通证增值，让持有通证的用户变现
用户的付出	用户可能会为某些产品或功能付费，免费的用户行为转化为广告费，用户数据形成用户画像	通过为社群付出时间、努力、贡献等工作的机会获得通证奖励，或者在交易平台直接购买其他人的通证
用户的收获	得到产品的核心或使用价值，附加价值，平台上的荣誉，自我表达的机会以及社交的价值	除了得到产品的使用价值外，还获得工作的机会，得到挣钱和投资的机会，共同参与社群目标建设的归属感和成就感。总之，用户可以获得产品本身的价值，同时还得到了财富、地位和荣誉

3. 荣誉勋章体系

成员在一个社群制组织中拥有地位是不够的，他可能会因此得到更多的财富，但是却不意味着可以得到荣誉。古往今来，人们往往为了荣誉而战，很少有人纯粹为了金钱而战，因此荣誉对于人来说至关重要。荣誉体系不同于成长体系，两者是独立的。

社群成员为社群做出特殊的贡献，或者完成某些特定的任务，可以获得对应的勋章，给到用户荣誉感。荣誉勋章的激励，是满足了马斯洛需求层次中的最高层次——自我实现的需要，是对用户的行为表示肯定的一种方式。常见的荣誉勋章是给用户颁发或点亮荣誉勋章，也可以颁发虚拟或者实物的荣誉证书等。

传统的互联网平台、网络游戏、手机 App 的荣誉勋章体系可以借鉴，尤其是 UGC、游戏类、学习类 App，如 KEEP 健身，用户完成当天训练，就会出现一个奖章，用户可以将奖章发到朋友圈里，激发用户自我价值展现，以及晒朋友圈的心理需求。而马蜂窝则鼓励用户到过一个城市，则可以点亮一枚城市勋章，鼓励用户完成更多的旅行和分享。

链组织的荣誉勋章体系，除了激励本社群成员外，还可以鼓励生态乃至产业的创造者和建设者，可以延展到曾为产业生态做出过贡献和努力的企业或者人发放勋章。哪怕那个企业为此已经倒闭，个人已经不再从事这项工作，但是曾经为产业和生态做出的努力、之前的技术或者专利可能还能继续为生态做出贡献，都可以被授予荣誉，邀请其加入新的社群生态中，为新的链组织添砖加瓦。

9.5　公司制思维与链组织思维的区别

在公司经营活动中，企业经营者尤其是CEO，对于公司员工是大管家的角色，需要保障好员工们的工资薪水和福利待遇；对于客户和消费者是大服务员的角色，需要满足客户提出的要求和更多的服务；对于投资者是大长工的角色，可能终身打工以满足投资人的资本变现需求；对于政府及工商税务等部门就是解决劳动就业和成为社会纳税人的角色。

对于公司制组织，客户和消费者都是上帝，企业为了服务好消费者，需要努力迭代和完善产品和服务，并为此投入更多的人力、物力。为了解决这些问题，企业经营管理者可谓殚精竭虑，不断想办法融资或者贷款，招聘更多的人开发产品或者拓展业务，然后整个公司就不得不扩张成本，直到有一天某个链条断裂，或者后续无法获得融资，或者业务收入大幅度缩水，而员工成本、房租成本还和以前一样，企业无以为继导致崩盘。

以前单靠一家公司的能力根本无法推动一个产业的发展，而且同行间又存在着巨大的行业垄断、专利壁垒乃至重复开发等无法调和的矛盾，而链组织让同一个生态领域的不同企业之间可以形成新的社群，相互协同，相互借力，打破重复开发等现实问题，实现大规模化的协同。

同时链组织的产品及服务不再仅仅是普通的消费品和服务，而是可以让社群成员有投资和赚钱机会的消费投资品，每个消费品不但获得了产品本身，同时还获得了代表其数字权益的通证。通证持有人同时是消费者、投资者、创造者和传播者，都有可能会主动地分享、传播和付出。因此链组织可以通过社群本身内生的力量获得发展，而不再需要通过传统意义上的专业投资者才能获得融资，这极大地缓解了组织获得资金的能力。

链组织中的管理者，扮演了真正的领导者的角色，他们聚集人们形成生态，让人们通过规模化协作推动生态产生价值，并且使价值能不断增长。他们可能每到一个城市，都有当地的社群成员来协同工作，而领导者对他们的身份完全不知，只知道是自己社群的成员。

链组织的领导者需要设计好社群的激励机制和动力机制，让社群进入良性循环的轨道，成为真正的链组织，不必再像经营公司一样一个人需要扮演好大管家、大服务员、大长工等角色。如果链组织想完成某项新任务，社群领导者不再需要单独招聘新员工、支付传统薪酬手段来实现，只需要在社群中号召社群成员一起来完成某项任务，大家相互协同、共同完成。

链组织想要销售某项产品或者服务，往往不再需要招聘各个城市的大区经理，花费房租和人工成本设立当地办事处，而是采用招募超级节点、城市节点等方式建立各个城市的社群成员，这些城市节点的招聘需要支付费用或满足条件才能加入，这些超级节点、城市节点要远比招募的员工更有资源、热情、信念。

从公司制到社群制，企业经营者的思维模式和角色要进行转变，如果经营者的惯性思维无法改变，则无法做好链组织。表 9.2 是不同组织形态中经营者、领导者和不同利益相关方的关系对比。

表9.2 公司制经营者、链组织领导者和不同利益相关方的关系对比

关系	公司制经营者	链组织领导者
员工	企业经营者扮演大管家的角色，需要招聘、劳动合同、社保、福利、赔偿金、加班费、绩效考核、奖金、股权激励	扮演领导者的角色，成员自愿加入，自愿退出；用共同的目标和价值观引领社群成员，每个社群成员都可以是创造者和生产者
消费者	企业经营者扮演大服务员的角色，需要服务好上帝，满足客户的各种需求和要求，不断迭代升级产品及服务；消费者可以对产品挑三拣四，需要满足客户的各种需求，经常遇到退货或者投诉等情况	领导者和消费者的关系不再对立，消费品变成了消费投资品，消费者不仅买到了产品或服务，还有获得投资的机会。因此领导者和消费者变成了利益共同体，会推动产品和服务不断迭代和完善

关系	公司制经营者	链组织领导者
投资者	企业经营者都是大长工，要为资本家打工，保障投资者的利益不受损害；投资者通过并购、IPO 等方式退出，时间周期较长，很多机构投资等不到企业并购或上市不得不退出；如果投资机构到期需要退出，或者遇到企业经营困难，要优先保障投资者利益，做好劣后，有时还需要签署个人连带无限责任，一旦某笔款项出现问题，很可能就被列为失信执行人，不能坐飞机和高铁，也就被剥夺了为社会继续工作和创造价值的机会	所有持有通证的社群成员都是投资者，消费即投资，参与即投资，因此消费者、创造者都是投资者；由于参与的时间不同，投资者获得通证的成本和收益也是不同的，由于通证可实时交易，因此投资者可以随时买卖通证，随时可以退出投资

9.6　链组织团队的决策和管理

1. 偏中心化决定发展方向和路线

无论是哪个时期的社群制组织，即使社群成员的共识程度再高，在具体的事务上也会有各种差异和理解。如果任由社群成员不断探讨和争论，社群的发展就会停滞。因此在社群发展大的运营方向和关键决策上，需要由领导者或领导者在充分听取社群成员意见的基础上，以偏中心化的决策方式，确定路线和方针政策，以确保社群决策的效率。

链组织不同于公司制组织，如果由领导者采取简单粗暴的一言堂，完全忽视或者很少考虑社群成员的意见，很容易挫伤社群成员的积极性和主动性。追求信息的多元性，鼓励友善的竞争和想法交流，使用投票机制获取最优选择是链组织作为自我组织的最大智慧之一。

当然，很多重大的决策和战略方针并不都是依靠群体共同做出的，往往是依靠领导者做出来的，大凡能够成就大业的领导者，最重要的品质往往不是博学多识，而是必须具备强大而持久的意志力，这是一种罕见的、强大的品质，它足以征服一切。也许链组织在发展过程中，可能会出现一些错误，但是会因为领导者卓越的领导力和持久的意志力，错误的决策也会在过程中不断被纠正。链组织的决策从以前单个的领导者做决策，变成多个人一起提供智慧，最后再由领导者做出最佳决策，这样比较容易走出个体思维的误区。

2. 多中心化规划发展短期目标

确定了链组织的战略决策和大致的发展方向后，接下来就是形成分布式的群组，将整体的任务分解为很多子任务、子项目具体执行，实现短期目标。与战略目标和大方向的制定需要朝着一个方向努力不同，社群工作的细节已经在已有的路线框架内，即便自由发挥，往往也不会出现特别大的偏差，因此链组织一般会对社群成员放权。

同时因为链组织有了智能合约、通证激励，所以每项任务、工作和目标都可以带着激励，社群成员承担某项任务，背后都有着相应的奖励。

在分布式的群组决策中，每个人都可以充分发表自己的观点和想法，共同切磋、商量、推导，拿出最优的解决方案。通过团队充分沟通过的决策可以利用信息的多元性，对各种可能性提供采样，在相对多采样的基础上做出决策，会比较趋近于最合理的解决方案。在群组沟通中，也会出现争论，大家都坚持自己的想法和看法，这样的争论其实会避免因仓促决定而犯下错误，将犯错误的概率降到最低。

链组织的分布式群组可以让成员在独立思考与借力之间寻找一个趋向于正确而理性的结果，与以往的公司制组织比较，这种群组沟通模式让工作更透明、更高效，遇到问题也不是一个人在战斗，可以借助大家的力量，其他社群成员也会在信息对称的基础上帮忙解决问题、协同工作，分布式群组会构成社群中的多中心化，而非完全的去中心化。

社群是一群人的共识，一个成功的社群是生命机理的巧妙编织，就像人类从古至今的进化，更多是对自然和社会环境的顺应。社群制组织从现实世界到网上世界，再到链上世界，成功升级为链组织。链组织通过程序、智能合约和人设的连接、互动、信任和自治组织，再分化出更多的社群生态，绵延不绝。而组织的管理形态也从信息互联网时代的云管理演进为区块链时代的链组织，随着时代的发展，链组织也将不断呈现其真正的价值，为越来越多的人所了解。

3. 分布式协同要采用蜂窝群组沟通

最近有一些企业开始启用远程办公、在家办公的模式，大部分都是基于信息互联网的分布式办公，无论是哪一种网络环境中的分布式工作，也无论是企业还是社群，要想远程办公都不可避免地需要满足团队成员之间的沟通问题。

互联网时代为人们提供了方便快捷的网络通信工具，如微信群、电报群、QQ 群和其他即时通信软件，以及企业微信、钉钉、飞书和 WeLink 等，这些远程协同软件无一例外都提供群组沟通工具。

很多公司制转型的组织，比较习惯线下的沟通模式，无论头脑风暴，还是客户洽谈，都能快速地互动起来，甚至能够专心地碰撞出火花，因此这些企业很不习惯完全的线上群组沟通。在这样的情况下，组织在实施分布式办公时，不妨采用"线下开会 + 群组沟通"的模式，即所有线下会议，包括内部沟通会议、合作沟通等内容，都由参与会议的成员之一随时整理沟通纪要，总结会议重点并发到工作群组，让其他成员了解，保持信息的对称，并确保能够贯彻执行。

无论组织生态是否已经蜕变为链组织，任何企业和组织要想实现分布式、扁平化、多中心化的分布式办公、云办公、在家办公，都尽量尝试采用分布式蜂窝群组的沟通模式，它有以下七大优势。

（1）让组织目标更清晰、更可控。

（2）提高了协同时的工作效率。

（3）减少信息的失真。

（4）让成员中的人才脱颖而出。

（5）降低决策风险。

（6）让每个人都可以成为任务处理中心。

（7）让团队组织成为智慧型组织。

分布式蜂窝群组沟通可以让成员之间随时保持互动，不断形成新的想法流。这种加入了时间维度的组织形态让人们从三维空间进入了四维空间，让组织变得更有智慧，让团队内部形成互相理解、互相学习、吸纳外界资源、整体互动思考、协调合作的群体，能产生巨大的、持久的创造力。

第10章

链组织的记账权——
分布式记账法和链式记账法

10

10.1 复式记账法

现代公司制采用的复式记账法自 1494 年 11 月 10 日出现，距今 526 年，与单式记账法相比，复式记账法是人类发展的一次重大飞跃，是现代公司和经济发展的基石。意大利人卢卡·帕乔利在 15 世纪晚期写了第一本复式记账法的教科书《簿记论》，宣布复式记账法的诞生。他可能没有预料到该记账法会为整个人类社会带来如此大的影响。有了复式记账法，商人可以更为系统地了解业务情况，可以准确计算资产负债率、资产收益率等业务数据。这套会计制度的进化，为 100 多年后的股份制公司诞生奠定了基础。

1941 年，去世的德国社会学家沃纳·桑巴特认为，复式记账法标志着资本主义的诞生，它允许除企业所有者以外的其他人跟踪企业的财务状况。经济学家熊彼特认为资本主义起源于复式记账法：没有复式记账就没有资本主义。足可以看出，账本革命的意义有多么深远。

复式记账比单式记账更完整地反映了经济业务的全貌。可以了解每项经济业务的来龙去脉，全面了解经济活动的过程和结果。复式记账法的理论依据是"资产 = 负债 + 所有者权益"的会计等式，在反映每项经济业务时，应当以相等的金额，同时在相关的至少两个账户中进行登记。这种对发生的每项经济业务，都要以相等的金额，在相互联系的两个或两个以上账户进行登记的方法叫作复式记账法。复式记账法在现代企业的会计核算方法体系中占有重要地位，因为在日常会计核算工作中，从编制会计凭证到登记账簿，都要运用复式记账。复式记账能够把企业所有的经济业务相互联系地、全面地记入有关账户中，从而使账户能够全面、系统地核算和监督经济活动的过程和结果，能够提供经营管理所需要的数据和信息。复式记账法如图 10.1 所示。

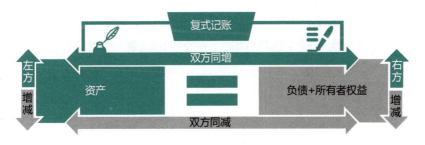

图 10.1　复式记账法

从单式记账法发展到复式记账法，可以系统全面地了解业务状况的全貌，从而在竞争中胜出。采用这种记账法最开始尝到甜头的是金融业，然后就是在当时和金融业联系最紧密的航海业，最后是工商业。意大利的威尼斯和热那亚地区是最先采用复式记账法的两个地区，结果，在随后的 100 年内，这两个地区就一跃成为当时欧洲的金融中心。同样，因为这种巨大优势，复式记账法迅速从意大利传播到了整个欧洲，之后作为一种记账工具，在几百年的发展中成为资本主义经济的重要基础之一。

复式记账法出现后，会计制度的发展历史就是现代资本主义的进化史。复式记账法作为现代商业社会的底层账本，不仅能核算经营成本，还可以分化出利润和资本，保证了企业经营的持续性。复式记账使得企业经营者能够系统地了解自己的业务，更好地理解业务带来的结果，精确地计算出企业的盈利情况，也可以和股东分享现状、共同经营，让业务得到更大的发展。

马克斯·韦伯在《新教伦理与资本主义精神》中说："当代资本主义存在的先决条件，就是把合理资本会计制度，作为一切供应日常需要的大工业企业的标准。"几个世纪以来，复式记账法推动了资本主义的发展。一直到现在，记账方式基本没有大的变化，只是随着科技进步逐渐实现了数字化。今天，不论哪个国家、哪个组织都在使用复式记账法。

500 多年来，复式记账法一直是现代资本主义的基石，基本没有发生什么变化，但是复式记账法只能记录某一时刻的交易，每个账本每次记录一方的信息，无法反映交易中涉及的其他各方（供应商、合作商、消费者）的联系，无法显示交易的前因后果。当交易完成后，某项资产就会从一家企业的账本转移到另一家企业的账本中。

复式记账法是一种结果记账法，而非过程记账法。从经济学的角度出发，复式记账没有办法精确地计算外部和内部的情况；从社会学的角度出发，复式记账只告知终点，却不能体现路径，导致数据极易被人为篡改，进而导致社会诚信体系的坍塌。

企业内部中心化的记账方法，让各方的信任存在困境。在内部，存在企业所有者和企业经营者因账目而引发的信任问题，于是经第三方认证的会计这个职位诞生了；在外部，监管机构或者外部对于公司的账本又存在不信任，所以又需要一个可信的事务所来进行审计。

10.2　分布式记账法

直到区块链的出现，诞生了区块链分布式记账法，这种记账法区别于复式记账法，它是基于分布式、共享式、有共识机制的记账法。区块链分布式记账法的出现，导致商业社会的流程会发生改变，同时社会秩序也将随时改变。

分布式记账法是共享、透明、许可控制的记账方式，分布且安全、持久，透明且可审计，基于共识，它产生的交易记录可以被各方永久查看。区块链技术将视角从个体拥有的信息转向整体共同拥有的信息记录。分布式记账可以为信任体系打下牢固的基础，当有大规模的分散平台参与交易时，就无须中介机构了。

区块链作为共享性记录系统具有重大意义，可以让各方在整个系统中以同样速度进行控制和检查，这将加快资本流动和财富积累。区块链将会引发对新的商业价值、商业道路的探索，会改变当前的生产关系，以新的方式重塑经济运行模式，产生新的运营形式和价值交换。

复式记账法与分布式记账法对比如表 10.1 所示。

表10.1　复式记账法与分布式记账法对比

项　　目	复式记账法	分布式记账法
记账地点	多处记账	多节点记账
中间过程	可以有差错	共识后不能有差错
对账	结果对账可以检验错误	共识后不能再错误
载体	表，可以自动化	表或其他数据结构，自动化
法律	没有智能合约	有智能合约，自动执行合约
更改	可以	不可以

分布式记账法能解决以下三方面的问题。

（1）解决多方信任的问题。

区块链可以在没有第三方信用背书的情况下，实现每个参与者手中都拥有一份完全相同的账本，一旦对账本进行修改，数据也将在很短时间内全部修改完毕，从而不必有第三方的中心化机构或者服务器的可信度背书。

（2）可以对多种有效行为进行激励。

区块链可以从技术手段上将组织发展所需要的行为和激励生成一个可自动执行的智能合约，然后通过区块链的方式进行部署，从而过渡到分布式的激励，并且整个过程是透明且不可篡改的。分布式账本可以实现精确的测量与激励，能够把行为和结果直接关联。

（3）对内部和外部的回报率进行精确计算。

分布式记账法能使每个成员的行为数据都可以被追踪，每个成员也都可以看到自己的行为和结果，并使每个行为都与自己的权益相关联，都可以被捕捉、测度、记录，最终被激励，实现从行为到结果的无缝连接。

10.3　链式记账法

复式记账法已经沿用了 500 多年，基于复式记账法的银行软件、企业软件也已经积累优化了 50 多年，因此使用起来非常方便，速度也比目前的区块链快得多。因此在目前成熟的复式记账法的基础上，诞生了"复式记账法 + 分布式记账法"的链式记账法。就是把复式记账法和现代区块链分布式记账法一起使用，一方面支持复式记账法，同时支持区块链交易记账，这大大增强了会计的能力和监管力度。

复式记账法曾带来欧洲金融爆发，与欧洲文艺复兴同期，此后 500 多年来无论哪个国家、公司、单位都纷纷采用复式记账法做会计和审计，是现代金融市场的基石。

而链式记账法预计会带来世界金融大爆发，此后百年无论哪个国家、公司、单位都会采用链式记账法做会计和审计，是将来金融市场、货币和法律的基石。

链式记账法会促使产生新的商业流程，这些新商业流程是现在的商业软件无法支持的。随着数字化革命的深化，所有协作主体、物理单元都会映射到数字世界，有一个数字 ID 和数字账户。未来数字世界的协作就是这些数字账户之间的协作，体现在不同数字账户的资产变动，这一切都会反映到数字账本当中。

数字经济时代，一切皆账本。一个组织可以是一个账本，一个产业也可以是一个账本，市场是账本，国家也是账本，世界更是一个超级大账本。数字世界的账本，比传统物理世界的账本更为连续，更为全面，更为清晰，更可追溯，更为实时。现代信用货币的本质就是记账权。数字经济体系的记账权更是未来全球力量博弈的核心战场。

第11章

链组织的基础设施
——区块链分布式存储

11

信息互联网时代，信息的存储一直是集中式存储，在超文本传输协议（HTTP）下，数据是被集中储存在服务器上的，可以说没有 HTTP，也就没有今天的互联网，人们今天所访问的所有网站，都是基于 HTTP 的。

这种简单的中心化存储、传输方式，将发布信息的成本降到了最低，但同时也在可分布性和可持久性方面造成了先天的缺失，随着人类数据呈几何级数的快速增长，中心化的存储方式将很难成为人类知识的永久载体。

大型互联网企业很少把公司核心和高度保密的数据放在云端，如阿里云、腾讯云的 SaaS 平台上，一般都要有自己的私有云，而不管是公有云还是私有云，其本质都是中心化的存储方式，必将带来中心化存储的问题，主要有以下六大问题。

（1）单点故障影响大。一旦中心服务器和网络出了故障或遭到攻击，后果很严重。

（2）集中访问，带宽需求大。有时租用大的带宽就是为了提升用户访问体验，可是也无法解决集中访问时的堵、卡、慢等问题。

（3）中心化数据库，一旦系统出问题，数据难以挽回。

（4）非可验证存储，内容被改变了而不知。如上传照片的像素等经常被压缩，其实文件被改动了我们并不知道，除非与原始文件做比较。

（5）断链问题，内容可达性问题。人们可能都有 404 的体验，一个 IP 地址变了，原来的文件就找不到了。

（6）有限的扩展能力，难以胜任飞速发展的存储需要。如 5G 来了将会有非常巨大的数据存储需求。

这时分布式存储出现了，这种存储方式并不是每台计算机都存放完整的数据，而是把数据切割后存放在所有符合条件的计算机里。分布式存储的特点是任何节点都可以加入并贡献资源，点与点之间的拓扑结构更复杂，容错能力更强。当用户从分布式网络读取数据时，就从每个硬盘中读取一个切片数据，然后所有的切片拼起来，就得到了一个完整的文件。分布式存储在存储程序上，看起来比传统的存储方式稍微有点麻烦，但普通用户并不会感知到这一过程，

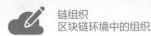
只需要上传和下载即可完成用户对于数据存储的程序。

基于分布式存储出现了很多网络传输协议，如 IPFS、TCFS 等。IPFS 是分布式存储的一种点到点的分布式文件协议，通过底层协议，可以让存储在 IPFS 上的文件，在全世界任何一个地方快速获取，且不受防火墙的影响，可以让访问数据的速度更快、更安全、更开放。目前 IPFS 已经为很多区块链项目提供了数据接口，包括 EOS 等在内的公链平台都已采用 IPFS 作为解决方案。

IPFS 本身是与区块链无关的，IPFS 官方后续推出了 FileCoin，可以激励人们贡献空间建设 IPFS 节点，构建内容存储和分发的交易市场，并成功地在 1 小时内就筹集到 1.86 亿美元，因此 IPFS 才广泛被区块链世界的人们所了解。人们习惯将分布式存储称为 IPFS。FileCoin 成为 IPFS 协议下的典型应用，形成了紧密的共生关系，如同比特币和区块链的关系；但同时 IPFS+FileCoin 并不是最好的区块链分布式存储项目，目前其他优秀的区块链分布式存储项目有 YottaChain、迅雷链、Lambda、Storj 等。

YottaChain 是一个区块链存储的公链，运用深耕密码学领域 20 年、存储领域 10 年的丰富经验和专业能力，通过连接全球分散的存储资源，打造一个规模浩瀚的全球存储池，能确保每个人的数据主权，并且在数据持久性、服务可用性、数据一致性、容灾性、抗 DDoS 攻击等核心技术指标上，都可以碾压 AWS 等互联网巨头的目标，建立可达到工程意义和商业意义上绝对安全的数据安全体系。YottaChain 能够无缝迁移中心化存储市场，提供端到端的无缝衔接方案，使得现有中心化存储的应用可直接无缝迁移到 YottaChain 存储，可享可靠，低成本，抗 DdoS 攻击并自带容灾能力的存储服务。

YottaChain 对比中心化存储，有至少降低 50% 成本的优势，并且随着用户的增多，成本会至多降低 90%。在商业化的推进上，YottaChain 正从持久化存储和容灾备份市场开始发展，提供标准的 S3 对象存储接口，并计划提供 NAS 存储接口，可以无缝对接数百亿美元的对象存储和 NAS 存储市场。

TCFS 是迅雷链文件系统，它是迅雷推出的区块链存储项目，在百万级共享计算节点的基础上，从高性能迅雷链和独创的分布式技术中积累而来，专为区块链打造的数据云存储与授权分发的开放式文件系统。使用该系统的开发者可使自己的产品具备文件数据分布式存储与信息上链等特性，快速集成公开透明、不可篡改、可追溯、高可靠、安全加密、海量存储、授权转移等能力。

TCFS 建立了信任机制、权益保护、授予机制以及激励机制，是一款面向区块链应用开发的数据云存储与授权分发的开放式文件系统。在权益保护机制下，TCFS 采用安全切片的方式存储数据，通过公私钥签名技术验证用户和文件的持有关系；并运用令牌授权机制，仅允许有授权的用户访问数据，权益授予过程可写入智能合约，从而能够更高效地进行去中心化的授权管理。在激励机制上，

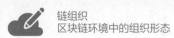

开发者既可以选择链克作为激励，也可以自行建立新激励机制。文件数据则分布式存储在迅雷百万量级的共享计算节点上，存储空间充足，满足业务需求。

　　基于分布式传输协议、安全机制相结合的区块链存储，可以从数据去重、数据冗余率、硬件成本、运行费用四方面降低数据储存的成本。同时，它还具有以下四大优势。

　　（1）让数据的存储更安全、更便捷，没有了中心化的数据管理，数据的安全性更高，很难被窥探或被复制。全网分布式的数据存储，降低了因为战争、自然灾害、人为等原因造成的数据遗失、损坏，利于有价值的数据永久保存。

　　（2）完美支撑区块链领域的应用。区块链的本质是分布式和去中心化，发展瓶颈之一就是分布式的存储能力，尤其对于目前大部分的基础公链而言，如何让大量的数据存储在自己的主链上是急需解决的问题。区块链分布式存储，将是未来区块链产业的基础设施。

　　（3）降低存储成本和带宽成本。传统的中心化数据存储依托的是大量的 IDC 机房,存储资源、带宽资源、制冷系统都是非常昂贵的。分布式存储充分利用了公众的存储资源和带宽资源，这类似于共享经济的概念，提高了资源的使用率，降低了使用成本；同时家用存储矿机无须额外花费带宽费用，无须支付租房成本，家用电费也比工业用电更便宜。每个节点都自动化运行而且一旦有意外故障失效会有其他节点自动顶上，节省了昂贵的运维费用。大量存储节点都是利用闲置硬盘空间，属于沉没成本，边际成本接近零，IPFS和区块链项目的诞生从根本上提升了人类的数据存储效率，是真正的共享经济。

（4）项目通证的投资价值。为了激励用户积极共享和贡献自己的存储资源，各区块链项目都推出了自己的通证，用户存储数据需要支付通证，存储资源贡献者（矿工）获得通证。这让区块链分布式存储项目可以在全球范围内召集超级节点和节点，部署分布式存储生态，增加网络节点数量，让整个分布式存储网络变成了一个巨大的存储空间。

行业普遍认为，分布式存储一定会成为未来的价值互联网，也就是区块链行业的主流存储方式。目前区块链技术虽然有非常多的优势，但是存在着一个明显的缺点就是性能瓶颈。中心化存储在性能上要远远超过区块链存储，这也是区块链技术现阶段存在的最大弱点，而随着5G的发展，5G技术的高速率、低延迟的特性，将会大大提升和改善区块链由于存储导致的性能问题，最终使得区块链存储技术和中心化存储技术在性能上的差距大大缩小，未来区块链存储作为唯一的持久化存储层将会广为普及。

第12章

数字钱包

12

使用数字资产需要一个专门管理数字资产的数字钱包。由于区块链的本质是价值网络，是关于价值的传输，数字钱包的意义在于它可以有成千上万个数字资产及通证。随着用户参与的项目越来越多，不管是投资的项目，还是参与使用的项目，最后都会涉及资产的管理。数字钱包作为用户真正使用区块链的入口，无疑在区块链这场技术变革中扮演着非常重要的角色，它是整个区块链时代举足轻重的基础设施和重要入口。

数字钱包应用按照密码学原理创建一个或多个钱包地址，每个钱包地址都对应一个密钥对：私钥和公钥。公钥是根据私钥进行一定的数学运算生成，与私钥一一对应。公钥主要是对外交易使用，每次交易都必须使用私钥对交易记录进行签名以证明对相关钱包地址里面的资产有控制权。私钥是唯一能够证明对于数字资产有控制权的凭证，对于数字钱包，私钥是最重要的。私钥的生成和存储方式决定了资产安全与否，所以钱包的目的就是用来保存私钥。只要有私钥，就代表拥有了对应的数字资产或通证。

数字钱包最重要的是防盗和防丢。防止钱包被盗，则要防止重要信息的泄露。如私钥，其他人一旦知道私钥，就可以用私钥对用户的数字资产进行转移，因此私钥一定要保存好。同时要防止把数字钱包丢了，具体就是那些可以证明数字资产所有者的信息要保存好。私钥是一切数字资产证明的关键，因此好好保存私钥极为重要。可以用笔纸记录下来，做好备份。对于数字钱包，备份好助记词、种子等信息，通过这些信息可以找回私钥。

数字钱包的分类如图 12.1 所示。

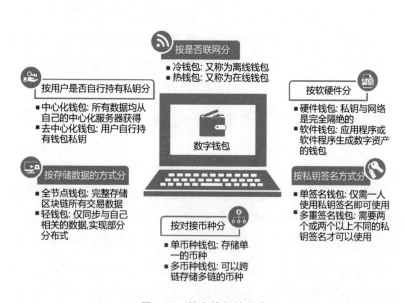

图 12.1　数字钱包的分类

1. 按对接币种分

（1）单币种钱包：存储单一的币种。例如，比特币钱包，里面就只存储比特币。开发类似比特币这样的币，包括钱包、币、币官网和区块浏览器。目前市面上支持多币种的区块链钱包已成为主要趋势，单币种钱包已逐渐失去市场，更多的是作为象征性意义和技术范本存在。

（2）多币种钱包：可以跨链存储多链的币种。例如，同一个钱包既可以存储比特币，又可以存储以太坊、基于 ERC20 发行的通证等。随着数字钱包的不断升级换代，市面上大部分的数字钱包都成为跨链多币种钱包。imToken 钱包支持 ETH 以及基于 ERC20 开发出来的通证，但不支持其他主链币种。EOS 发行的 Token 支持 EOS 主链币种和 EOS 的协议通证。Kcash 和 AToken 等钱包则支持多条区块链主链，以及 ETH 和 EOS 的协议通证，支持更全面。

2. 按是否联网分

（1）冷钱包：指脱离网络不能被网络访问的钱包，又称为离线钱包。例如，硬件钱包、不联网的计算机或手机等。优点：在完全不联网的情况下，可以免受黑客及病毒的攻击，确保存储期间的资产安全，是数字资产较安全的存储方式。缺点：创建复杂，转账麻烦，硬件损坏或私钥丢失都可能造成数字资产的丢失；不能发送或查询数字资产。严格意义上说，冷钱包是一个不完整的钱包。

（2）热钱包：指连接网络的钱包，又称为在线钱包。例如，联网的桌面钱包、手机钱包等。优点：可用于发送或查询数字资产，使用方便。缺点：被黑客盗取钱包信息或破解加密私钥的风险很高。

目前 Bitpie 创造了冷热签名模式的钱包，两台设备来回扫描二维码
就能够完成冷钱包离线签名。

3. 按软硬件分

（1）硬件钱包：在设计上将钱包的私钥与网络完全隔绝。一款
硬件钱包由硬件与软件两部分组成，硬件部分包括钱包出厂包装、
钱包主板、芯片、外壳等；软件部分主要是开源代码库。硬件钱包
的核心在于一块安全芯片，私钥的生成、存储和使用都是在与外界
完全隔离的情况下在安全芯片上进行的，可以很好抵御外来攻击。
对于大额的数字资产，使用硬件冷钱包存储资产会相对安全。但事
实上，再安全的硬件数字冷钱包，都有可能被黑客或者暴力破解。
知名的硬件钱包包括 Trezor、Bepal、库神、Ledger 钱包等。

（2）软件钱包：用户下载手机应用程序，或者下载计算机软件
程序，进行相应的操作就可以生成一个数字资产的软件钱包。数字
钱包不是用于存储用户的资产，而是记录用户的资产流动。用户的
数字资产并没有存到钱包中，钱包只是同步账本，转账等行为还是
需要区块链确认。用户需要记录十几个英文的助记词，以及私钥，
其他人拿走这些助记词和私钥，就相当于拿走了用户的数字资产。

4. 按存储数据的方式分

（1）全节点钱包：完整存储区块链所有交易数据的区块链钱包，
通常是与节点客户端一起使用作为官方钱包。它能够对数字资产进
行溯源，验证数字资产的真伪；能够自行验证区块链上的交易是否

完成、受到多少区块的确认保护、地址里是否有足够的余额、是否存在双花等。由于全节点钱包存储的数据庞大，数据需要与区块链及时同步，因此使用起来限制较多。以 Bitcoin Core 为例，它还只能储存 BTC 这一种数字资产，显然不太适合拥有多种数字资产的用户，从去中心化程度来说，全节点钱包是完全去中心化的，但使用非常不方便。

（2）轻钱包：依赖于区块链上其他全节点，仅同步与自己相关的数据，实现部分分布式。轻钱包是由于全节点钱包过于繁冗而诞生的。它参考了中本聪提出的 SPV 机制，不储存完整的区块链数据。具体来说，轻钱包也会下载新区块的所有数据，但是它会对数据进行分析后，仅获取并在本地储存与自身相关的交易数据，运行时依赖于比特币网络上的其他全节点。从去中心化程度来说，轻钱包属于部分去中心化。在日常的使用中，大部分以轻钱包为主，用户体验更为良好，体积小，不占空间，还能轻松支持多种数字资产，是新手必备的钱包。

5. 按用户是否自行持有私钥分

（1）中心化钱包：指不依赖于区块链网络，所有数据均从自己的中心化服务器获得，交易效率很高，基本可以实现实时到账。在交易平台注册的账号、地址就是中心化钱包。用户不持有钱包私钥，私钥由第三方或服务商代为保管。

（2）去中心化钱包：用户自行持有钱包私钥，第三方或服务商

不知道用户私钥也不持有。数字钱包私钥交由用户自行生成和本地
保存，钱包服务商不保存用户的任何私钥和助记词信息。imToken、
Kcash、AToken、Jaxx 等都是去中心化的、轻节点的软件钱包。

6. 按私钥签名方式分

（1）单签名钱包：仅需一人使用私钥签名即可使用的区块链钱
包。大部分的区块链钱包 App 都是单签名钱包。

（2）多重签名钱包：需要两个或两个以上不同的私钥签名才可
以使用的区块链钱包。通常用在需要共同管理账户的场景中，如数
字资产组织合作、区块链企业管理等。少数区块链钱包提供多重签
名功能，如以太坊钱包 Mist 和 Parity，以及多重签名钱包 Gnosis。
原本多重签名钱包是为了防止黑客攻击、允许多人共用钱包及同时
管理资产，因为它需要两个或两个以上的私钥才能使用钱包，但在
Parity 的多重签名合约出现漏洞导致钱包被盗后，多重签名钱包反
倒不如将资产分到多个单签名钱包存储更能分散风险。

因为数字钱包作为普通用户接触和使用区块链技术必备的基础
工具，因此数字钱包作为一种标配正在被各种 DApp 等内置到应用
软件中，支持 DApp 应用和平台搭建的技术门槛较低，因此 DApp
的竞争主要是前期沉淀用户、忠实用户、活跃用户数，以及沉淀资
金的能力。预计未来所有的 DApp 都会内置钱包，或者和其他第三
方钱包应用无缝对接。

随着数字资产种类的不断增加，市场的不断成熟，多币种的资产管理、合约交易、借款支付等金融活动逐渐普及，出现了很多功能性数字钱包。除了能让用户安全地存储、管理好自己的数字资产外，数字钱包系统还有很多其他的功能。例如，钱包自带交易功能（OTC或者C2C）、数字资产理财（类似余额宝）、金融衍生品收益、DApp流量、支付收益、交易行情、资讯模块、量化交易、商城、DPoS挖矿、贡献算力、借贷等，有的数字钱包系统为了增加用户黏性、提升平台流量，还会提供红包营销、糖果投放、好友偷币等营销玩法。

数字钱包作为区块链最重要的承载用户的入口，更是普通用户接触和使用区块链技术必备的基础工具，如同浏览器在互联网的重要性一样，数字钱包上升空间和可承接的用户人群将是亿级市场，未来钱包甚至可能承载海量智能硬件，成为区块链的超级入口。

第13章

区块链的应用——DApp

13

13.1　DApp的基本特征

　　智能手机的发展离不开 App，而在区块链行业里则离不开 DApp。DApp 对于区块链就好比 App 对于苹果系统和安卓系统的作用。DApp 是 Decentralized Application 的缩写，即去中心化应用，也称为分布式应用。

　　传统的信息互联网是高度中心化的系统，享受到了互联网巨头们带来的便利，但是高度中心化的技术在提供便利的同时，也有非常多的弊端，如用户数据的丢失、用户的人身安全等。在实践中发展的 App 带来了互联网的信任危机。无论腾讯还是阿里都是依靠资本投入获得大量用户，进而创造巨大的商业价值。

　　与智能手机的 App 不同，DApp 依赖的是底层区块链开发平台和共识机制，是基于区块链的"智能合约 +App"，不同的底层区块链开发平台就好比智能手机的苹果系统和安桌系统，是各个

DApp 的底层生态开发环境，DApp 就是在底层区块链平台生态上衍生的各种分布式应用，也是区块链世界中的基础服务提供方。DApp 去掉了第三方运营平台，不需要平台方运营代码、储存用户数据，DApp 直接和区块链技术挂钩，和交易数据、交易资产息息相关，和不可篡改的去中心化存储有关联，规避了许多互联网中心化带来的风险。

DApp 可以是任何一种应用程序，如网站、交易所、钱包、普通应用程序等，只要负责应用程序的代码在底层公链上运行，就可以称为一个 DApp。DApp 是基于共识机制、智能合约、跨链融合等区块链技术，为人们描述的未来区块链世界。在未来，或许只需要一款 DApp 就可以搞定很多基于信任、价值的合作和交易。因为 DApp 可以包含重要的资产，包括个人信用、银行存款、消费情况、社交关系等。

信息互联网正在发生变革，人们的需求不再满足于连接世界，更需要有超级 DApp 的诞生，来实现他们达成共识的商用价值。这种商用价值不再由某个 App 平台制造商决定，而由所有参与这个 DApp 生态环境建设的用户决定。DApp 可以通过改变现有的行业生产关系，从而以更低廉的开发、运营成本实现技术上的革新，未来 DApp 是 App 的升级版，其具备以下特征。

（1）应用需要完全开源、自治，且没有一个实体控制着该应用超过 51% 的通证，以开源社群的形式运行，将决定权交由用户。

（2）应用的数据加密后存储在公开的区块链上，真正实现去中心化以及分布式存储的优势，让人人都能享有知情权。

（3）需要能够根据用户的反馈及技术要求进行升级，且应用升级必须由大部分用户达成共识后方可进行。

（4）需要拥有通证的激励机制，激励矿工和用户自发参与，可用基于相同底层区块链平台的通证或自行发行新通证，矿工或应用维护节点可以得到通证奖励。

（5）通证的产生必须依据标准的加密算法，有价值的节点可以根据该算法获取应用的通证奖励。

13.2　DApp的发展现状

目前，以太坊（ETH）被认为是 DApp 最流行的开发平台，以太坊的核心是有智能合约功能的公共区块链平台，它允许任何人在上面建立和使用通过区块链技术运行的去中心化应用。以太坊的开发者生态圈已经相对完善，既有开发者社区的支持，又有多种框架、工具可以挑选。但是由于以太坊上的所有 DApp 都只能共用一条主链，不能搭建子链，也不能自定义公式算法，更不能根据业务需求选择最优化的配置。这让众多的 DApp 形式过于单一，都是以发通证的方式完成平台的运转，导致应用入门门槛很高，很难吸引新用户，而且对于使用用户而言，其操作复杂程度也是普通 App 的数倍。

根据 DAppTotal 的数据显示，截至 2019 年 6 月，以太坊、EOS 和波场是 DApp 生态最繁荣的三大公链，而从三大公链上 DApp 的类型来看，游戏类和高风险类是主流的类型，日活跃用户数量最大的前 50 个 DApp 中，30 个都是游戏。游戏是人的天性，一个新兴行业的诞生，往往都是从游戏方向开始推广，这也就不难理解三大公链上能够有用户和活跃度的 DApp 绝大多数都是游戏。

区块链上第一个爆红的 DApp 便是 2017 年底上线的一款叫作《迷恋猫》的游戏，这款在以太坊上养猫、自由买卖的游戏一度让以太坊网络瘫痪，也拉开了游戏类 DApp 在区块链市场的序幕，随后 Ether Goo、Fomo3D 等游戏类的 DApp 在以太坊上引爆了流量，也奠定了以太坊公链之王的宝座。

EOS 从 2018 年 6 月主网上线以来，和以太坊相同的是 EOS 上 DApp 数量的爆发都是游戏，EOS DApp 的总交易额在第四季度增长了近 5 倍。

公链上的游戏大同小异，由于目前是存量市场，没有新的用户进场，同类型的项目消耗着用户的热情，无法持续。一个良好的 DApp 生态不仅仅是靠游戏来维持着，游戏可以为 DApp 带来暂时的繁荣，但是不能为 DApp 带来持久的繁荣。

截至 2019 年 5 月，从三大公链上 DApp 的活跃度情况来看，ETH 上共有 247 个活跃 DApp，EOS 上共有 195 个活跃 DApp，波场上共有 171 个活跃 DApp，第一梯队的活跃 DApp 占六条公链总活跃 DApp 的 94.60%。但三个主链的 DApp 存活率都不到 50%，EOS 和波场上活跃 DApp 的数量占 DApp 总数量的相对比重分别达到了 39.16% 和 43.73%，ETH 的 DApp 存活率只有 14.02%，尽管 ETH 上的 DApp 数量和活跃 DApp 数量都是最高的。

目前在区块链游戏方面，均有顶级的游戏开发商、游戏引擎、游戏平台入场。人们希望他们的入场，能给 DApp 行业带来合规、资本、用户流量。国内的腾讯、网易，国外的碧育、暴雪等顶级游戏开发商均有试水区块链游戏；全球最大的游戏引擎商 Unity 和 Cocos 也在布局区块链，并推出了自己的区块链开发工具。传统游戏巨头入场区块链游戏是一个很好的信号，但目前仍是停留在试水阶段。真正大规模推动市场，让 DApp 的用户半径暴增，还有不少距离。我们也期待下一阶段有更多的正规军入场，让 DApp 从一个几万人参与的投机市场，最终变成几亿乃至几十亿人参与的新商业文明。

目前区块链还处于早期时代，除了以太坊外，还没有一个能在市场中为个人和机构用户普遍接受的公链。就好像计算机早期的 Windows、Mac OS 等操作系统标准之争；智能手机时代的 iOS、Android 和 Windows 之争，所以无论现在的 DApp 是基于哪条公链开发，都要承担如果该公链被淘汰后血本无归的风险。

早期互联网的开创者们将自由、开放、免费、共享的骑士精神融入了互联网，但时至今日，我们早已在安全监管、数字隐私、封闭网络、寡头垄断等这些不断恶化的问题中沦陷。希望未来区块链世界的 DApp 能回归互联网应用本来的意义，希望区块链世界能在不断整合和细分中变异破局，并加速 DApp 成熟商业模式的形成，创造独有的区块链新世界。

第14章

区块链将要改变的行业

14

根据 IDC 的数据，目前区块链技术已远远超出其银行和加密货币的初始应用，2019 年，企业在区块链技术上花费 29 亿美元，比 2018 年增长近 90%。

随着越来越多的公司和组织使用区块链来提高整个数字信息生态系统的透明度和准确性，从而提高了从基础设施到公共政策等各个领域的技术意识。以下是公司利用全球区块链的创新力量的最新领域，这些领域同时也是链组织将要改变的行业。

1. 银行业

区块链作为一种数字化、安全且防篡改的账本，可以提供相同的功能，为金融服务生态系统注入更强的准确性和赋能信息共享。银行业只是一个开始。从宏观角度，银行是重要的价值存储和转移中心。

瑞士银行瑞银集团（UBS）和总部位于英国的巴克莱银行

（Barclays）都在尝试将区块链作为加快后台办公功能和结算的一种方式，银行业的一些人认为这可能会降低 200 亿美元的居间费用。2019 年 5 月，巴克莱银行投资了 Crowdz，这是一家基于区块链的 B2B 支付创业公司，帮助公司收付款并出具自动化数字发票。

据麦肯锡公司称，区块链也在不断发展，旨在降低跨境交易的成本，占 2017 年全球交易收入的 27%；区块链公司 Ripple 与 Santander 和 Western Union 等金融机构合作，旨在提高跨境交易的效率；区块链创业公司 BanQu 正在与 AB InBev 合作，向赞比亚的木薯农民数字支付工具；BanQu 的平台通过供应链跟踪农民的产品，然后通过手机向农民提供数字支付，即使他们没有银行账户。

摩根大通也以通过发行数字资产 JPM Coin 进军区块链行业，打算用它来促进机构账户之间的交易，摩根大通的方案是通过自有加密货币解决的。摩根大通于 2019 年 2 月推出 JPM Coin 后，将其定位于三大应用场景：①针对大型企业客户的跨境支付；②证券交易；③取代摩根大通业务中流通的美元。

看中区块链支付市场的不只有摩根大通，还有 VISA。2019 年 6 月 12 日，美国支付巨头 VISA 宣布推出基于区块链的跨境支付网络 B2B Connect，它支持银行间直接交易，为国际金融机构进行跨境支付提供了便利。B2B Connect 基于区块链技术，同时整合了超级账本（hyper ledger）。B2B Connect 已经覆盖全球 30 个贸易渠道，2019 年底扩展到 90 个市场。它的目标只有一个——让跨境支付更快、更便宜。

2. 社交网络及平台

加密消息应用程序 Telegram 在取消其计划的 12 亿美元初始硬币发行的公开出售前，从私人投资者筹集了 17 亿美元。大约一年后，该公司为其基于区块链的 TON（Telegram 开放网络）推出了测试客户端；Telegraph 的 TON Labs 还与欧洲金融服务公司 Wirecard 合作，拟建立数字银行平台。聊天平台 kik 为其应用内通证筹集了超过 1 亿美元；据报道，日本最受欢迎的聊天应用 LINE 正在计划扩展到加密货币交易。

Facebook 于 2019 年 6 月 18 日发布加密货币 GlobalCoin 白皮书，向公众披露其加密货币计划的更多细节。据此前报道，Facebook 加密货币定位于稳定币，将锚定多国法币。Facebook 计划将其应用于旗下 WhatsApp、Facebook Messenger、Instagram 三大社交工具及广告系统，用来奖励用户在 Facebook 上的创作、分享、传播等行为。用户也可以通过它购买商品。更重要的是，美国商品期货委员会（CFTC）正在与 Facebook 讨论其即将推出的稳定币。Facebook 计划将其加密货币应用于全球跨境支付，并就此与 VISA、MasterCard 进行谈判。

3. 对冲基金

在包括 First Round Capital 和 Union Square Ventures 在内的

投资机构支持下，Numerai 正在采用对冲基金模式——雇用一大批交易员和量化交易，并将其分散化办公。Numerai 向数千个不同的交易员发送了量化加密数据集，并要求他们构建预测模型，最好的贡献者会得到 Numerai 的通证 Numeraire 作为奖励。然后，Numerai 采取策略并创建一个元模型进行交易。在某些方面，它是基于区块链的 Quantopian 模型，用于奖励数据科学家，避开竞争，更多的是隐形协作。

荷兰金融科技创业公司作为世界上第一个通过提供世界顶级对冲基金交易策略，打通加密货币和传统金融市场的交易平台，在阿姆斯特丹的金融科技峰会上，引起了众多机构的兴趣。

4. 共享出行

像 Uber 和 Lyft 这样的网约车应用程序代表了去中心化的对立面，因为它们基本上作为调度中心在运行，并使用算法控制它们的驱动程序（并指导它们收取费用）。区块链可以为这个行业注入新的选择：使用分布式账本、驱动程序和车手可以创建一个更加以用户驱动、价值导向的市场。

例如，创业公司 Arcade City 通过区块链系统完成所有交易，它的运营方式与其他乘车共享公司类似，但允许司机通过区块链记录的互动来确定平台费（占打车费的百分比）。这使得 Arcade City 能够吸引专业司机，他们宁愿建立自己的运输业务而不是由公司总部控制：Arcade City 的司机可以自由设定自己的费率，建立自己的经常性客户群，并提供额外的服务，如快递或路边援助。

5. 互联网广告行业

目前，互联网出现了许多新的广告解决方案。总的来说，广告在加载网页时增加了大量的移动数据使用量，广告商和消费者都缺乏更好的协议来保护自己。

一家叫作 Brave 的软件公司使用通证来补偿广告商和用户。广告商将直接列入 Brave 基于区块链的浏览器，而不是谷歌或 Facebook 等广告中间商，选择加入的用户会在没有恶意软件的情况下获得更少但更有针对性的广告，广告客户可以获得更好的支出数据。

Blockstack 的工作方式略有不同，旨在让那些正在浏览的人免受有害目标广告的攻击，从本质上说，它试图从人们的互联网活动中删除该人的隐私身份信息；Snovio 是另一种选择，可以让人们出售他们的个人数据并获得 SNOV 通证。

6. 泛娱乐行业

娱乐行业企业家正在转向区块链，让创作者使用智能合约更加公平地分享内容，从而根据预先确定的许可协议自动传播购买创意作品获得收入。

Muzika 是一个基于区块链的音乐流媒体平台，与数字资产交易所 Binance 合作，试图帮助独立艺术家从听众那里赚钱。Muzika 表示计划将 90% 的收入分给艺术家。在进入娱乐行业前，Mycelia 的重点发布是制作由区块链技术和加密货币支持的智能歌曲。Ascribe.io 是 BigchainDB 的产品，也致力于提供艺术家及其作品之间可跟踪、可验证的所有权记录。

英国区块链创业公司 JAAK 也计划与音乐版权持有者和其他娱乐业利益相关者合作。JAAK 提供内容操作系统的一个正在开发的平台，允许媒体所有者将其素材、元数据和权利存储库转换为可以在以太坊区块链上自行执行许可交易的智能内容。

7. 股市交易

多年来大型企业一直在努力为购买、销售和交易股票的过程提供更便利的渠道，现在新的以区块链为重点的初创公司正在寻求比以往的任何解决方案更为有效的自动化和保护流程。

例如，荷兰银行 ABN AMRO 的投资部门正与投资平台 BUX 合作创建一个名为 STOCKS 的区块链应用程序，该应用程序将用户的 ABN AMRO 资金存入区块链银行账户进行股票交易。私有链的使用旨在为用户和银行节省资金。

Overstock 的子公司 tØ 希望使用区块链技术在线进行股票交易。tzero 平台将安全加密的分布式账本与现有的交易流程集成在一起，以减少结算时间和成本，提高透明度和可审计性。

与现有交易网络和交易所的合作将有助于区块链在该行业的成
长。区块链初创公司 Chain 是这方面的领导者，该公司设计了一个
实时区块链集成系统，成功连接了纳斯达克的股票交易所和花旗银
行基础设施。

目前，区块链的主要瓶颈在于传统金融领域得到更广泛的应用，
与现有的金融系统相结合。BAEX Securities 在加密资产与传统市
场相结合方面处于领先地位，该公司在证券和银行业务的价值链中
整合了加密货币。BAEX Securities 成功推出了一个针对受监管的
传统市场的数字证券化投资平台，提供传统和加密资产的无缝交易。

8. 房地产

购买和出售不动产的痛点包括交易期间和交易后缺乏透明度、
大量的文书工作、可能的欺诈以及公共记录中的错误。区块链提供
了一种减少纸质记录保存和加速交易的方法，帮助利益相关者提高
效率并降低交易各方的交易成本。房地产区块链应用程序可以帮助
记录、跟踪和转移土地所有权、财产契约、留置权等，并有助于确
保所有文件的准确性和可验证性。

Propy 正寻求通过基于区块链的智能合约平台提供安全的购房
服务，所有文件都在网上签名并安全存储，而房契和其他合同则使
用区块链技术和纸上共同记录。

技术初创公司 Ubitquity 为金融、股票和抵押贷款公司提供软

件即服务（SaaS）区块链平台,该公司目前正与一些隐形客户合作,通过区块链技术输入房产信息和记录文件。

9. 保险业

AirBnB、Tujia、Wimdu 等公司为人们提供临时交换资产服务,包括私人住宅,问题是在没有公共记录的情况下,几乎不可能在这些平台上为资产保险。

专业服务公司德勤（Deloitte）和支付服务提供商 Lemon Way 最近推出了一种名为 LenderBot 的区块链解决方案,与区块链创业公司 Stratumn 一起,帮助开发人员建立由区块链功能支持的值得信赖的应用程序。LenderBot 是共享经济概念的微观保险证明,展示了区块链应用和服务在保险行业中的潜力,LenderBot 允许人们通过 Facebook Messenger 注册定制小额保险,使区块链成为个人之间保险合同中的第三方,因为他们通过共享经济交换价值。

10. 医疗行业

医疗保健机构无法跨平台安全地共享数据。医疗提供者之间更好的数据协作最终意味着更高的准确诊断概率、更高的有效治疗可能性,以及医疗系统的医疗服务的总体能力将提高成本效益。使用区块链技术可以使医疗保健产业链中的医院、病人和其他各方共享对其网络的访问,而不会影响数据的安全性和完整性。

为此,创业公司 Gem 推出了 Gem 医疗网络,这是一个针对全球医疗保健领域公司的区块链网络，Gem 正在使用以太坊区块链技术为该行业创建安全、通用的数据共享基础架构。

Tierion 是另一家区块链初创公司，它在医疗保健领域建立了数据存储和验证平台。Gem 和 Tierion 最近与飞利浦区块链实验室的飞利浦医疗保健公司合作。

另一家创业公司 Hu-manity 与 IBM 合作开发了一种电子账本，试图让患者更好地控制他们的数据。Hu-manity 的使命是创建公平贸易数据实践，使患者能够从同意共享数据中获益。

第15章

链组织的实施
——链改及组织转型

15

　　作为我国核心技术自主创新的重要突破口之一，区块链承载着我国在新兴领域占据创新制高点、取得产业新优势的期待。区块链和实体经济深度融合，为我国如何发展和应用区块链技术指明了方向，对区块链与各种实际应用场景深度融合做出了部署。

　　避免脱实向虚，就必须引导区块链技术与实际应用场景深度融合。区块链技术之所以被高度重视，在于它在实体经济、民生领域以及国家治理方面的应用前景。这也为结合区块链进行区域产业转型、民生服务提升、政府治理升级等方面制定了具体目标，引导人才、资金、项目、数据等流向能够实际提升生产效率、加快新旧动能接续转换的领域，流向切实改善民生服务和公共服务水平、提高人民跟随者获得感的领域，流向真正促进智慧城市建设、推动政府数据共享的领域。

15.1　传统行业如何进行链改

对于实体企业而言，要想真正发挥区块链的价值，必须要重构企业组织与利益相关方所构建的价值网络，链改指的是传统资本结构的公司制组织通过区块链重新构造产业的活动，重新定义投资者、消费者、渠道商、生产者的利益分配关系，形成的新的组织模式和价值网络。

链改为传统公司制企业赋能，采用区块链思维，通过发行通证、凝聚共识、替代传统公司制企业的协作模式，让参与创造财富的各种利益相关者，都具有组织长期利益的共治和共享，其协作效率会远远高于公司制组织。

链改将为新经济、商业和社会秩序建立新的秩序，而新秩序的核心在于共识的形成。链改是人类应对数字文明时代整体面临的重大变局，更是一场全球性的社会和经济改良实验。

切实可行的链改，可以从技术创新、模式创新和制度创新这三个创新维度开展，其中技术创新是基础，模式创新是手段，制度创新是根本，如图 15.1 所示。

1. 区块链思维的技术创新

学习区块链技术是链改的基础，区块链作为可信协作的基础设施，将像互联网技术一样，得到普遍应用。组织与利益相关的协作行为如果基于区块链技术，可以降低彼此之间的信任成本和交易成本，

图 15.1　链改的三个创新维度

提高协作效率,构建起区块链世界的技术基础框架和未来的摩天大楼。

目前,有很多基于区块链技术的开放平台,为传统行业使用区块链技术重构数字经济的基础设施和组织形式,拓展应用场景,推动经济高质量发展。BQOpen开放平台就是这样的基础设施,基于区块链技术的币权应用架构可以划分为以下四层,如图15.2所示。

(1)基础设施层:包含主流公链、联盟链,可以方便地为传统行业和传统应用提供链上服务和跨链操作。

(2)数据服务层:可以采集和沉淀数据,并提供数据服务,包括账户、资产等。

图 15.2　基于区块链技术的币权应用架构

（3）平台服务层：基于底层区块链和数据，给行业应用方赋能，为开发者提供平台级的 API 和丰富的 SDK，使得区块链技术对普通开发者透明。极大提高应用方使用区块链服务的能力和便捷性。

（4）应用服务层：从场景和行业两个维度规划区块链应用解决方案，方便地支撑不同场景、不同行业下的业务逻辑。

① 场景应用方案。开放平台将在支付、溯源、商业积分、资产管理和投资权益等场景颠覆传统技术。

② 行业解决方案。开放平台将着力支持金融／银行／保险、游戏、供应链、物联网、智能制造等行业，帮助传统行业的各项应用能够快速变道超车，转型升级。

2. 区块链思维的模式创新

只有彻底了解区块链思维和精髓才能活学活用。先要升级自己的思想，不要用传统互联网的思维模式来想当然地开展区块链世界的业务，时代的发展会倒逼传统企业不断地转换观念，直至重构区块链的业务新逻辑，区块链通证经济的业务逻辑为以终为始，即区块链的项目及业务通过什么样的产品和服务聚集人们形成生态，如何让人们通过规模化协作推动生态产生价值并且使价值能不断增长。

理解了区块链思维后，如何和自己当下的业务模式相结合，重构业务体系和价值网络，要将传统公司所有参与生态建设的投资者、消费者、渠道商及生产者，都变成按照贡献比例或者其他共识机制获得相应的通证奖励，变成每个用户的数字资产并加以确权。区块链的通证经济体系承认每位用户需求的价值，并将需求的价值还原，这就是区块链经济体系的本质。

3. 区块链思维的制度创新

要由公司制转型社群制，并着手建立起适宜区块链时代的链组织。传统企业要想走出这一步，首先就要调整公司内部人员结构，打破以往的雇佣制，精简组织内部雇佣制员工，多采用灵活用工模式，启动公司内部创业、跟随公司社群制转型丢掉铁饭碗、停薪留职等方式优化公司内部人员结构；同时优化股东结构，避免被资本胁迫。

有关制度创新就是如何将公司制组织转型成为链组织生态的过程，也是链组织生态建立的根本，按照本书所提供的内容，不断调整组织结构，让组织成为适宜区块链环境下的链组织。

15.2　公司制组织如何转型链组织

目前，现实世界、网上世界和链上世界三个世界正在混合交融，公司制组织转型社群制组织以及转型链组织，都是一条非常艰难的路，会遭到各种阻碍，如投资人的阻碍、员工的阻碍。这不但需要企业家转换思维模式，还需要有坚定的信心，因此未来会有非常长的路要走，公司制组织和链组织将会长期共存。

简单总结一下由公司制组织转型链组织的六个步骤。

（1）公司制组织转型社群制组织。

（2）公司成为一个社群节点。

（3）创建公司的币东模式。

（4）将产品从消费品转型为投资消费品。

（5）用社群来代替渠道。

（6）收益归币东，权力归社群。

公司制组织转型链组织时，需要针对社群设计好社群的激励机制和动力机制，让社群进入良性循环的轨道，成为真正的链组织。传统公司的各级渠道商原来只是渠道，要获得公司产品在一定区域范围内的专营权，对产品的交货时间、产品质量都有严格的合同约定，一旦违反了规定则可能会引发诉讼。

在链组织中，渠道商成为企业价值网络的一部分，是利益共同体，原来寻求独代的渠道商反倒不再追求独代，而成为链组织中的一个节点，愿意帮助建设城市节点，原来渠道商和企业组织是博弈的关系，现在则完全变成了利益共同体。社群代替渠道，链组织不再依赖于各级渠道发展壮大，而是依赖于链组织的社群成员，自发自愿地传播推广和扩散，每个成员都可以通过付出努力而成为社群的渠道，同时获得相应的回报。

传统公司制组织转型链组织，原来的公司实体还会在一段时间内长期存在，若原有的业务或者产品有持续的收入和利润，则应该拿出一部分用来回购或者销毁产品通证，让通证的数量不断减少，通证价格不断增长，最终形成健康良性的正循环。若已经实现了链组织的架构，产品及服务则根本不需要有利润或有少量利润，产品价格可以趋于成本价。

15.3　用区块链思维重构价值网络

区块链思维是非常重要的一种思维模式，即便暂时还没有完全掌握区块链技术，也可以通过区块链思维重构企业的价值网络，从需求端入手，抓住人性的需求，通过通证这个抓手实现企业所有利益相关方短期利益和长远利益分配的结合。对于员工，比传统的工资、奖金、期权、股份等激励作用更明显；对于客户，比单纯的消费者更为刚需，且投诉可以忽略不计；对于股东，无论是被收购还是独立 IPO，从投资到退出都是极其漫长的过程，且投资回报率极低；对于企业经营者，则是打一场翻天覆地的翻身仗。

大部分互联网平台和工具产品都有用户积分、成长和激励体系，而且已经发展得很好了，如趣头条的积分模式、拼多多的拼单模式。已经拥有用户积分成长体系的平台，可以通过用户社群和通证的方式激活用户体系，建立原有的信息互联网积分体系与区块链时代数字经济体系的映射关系。

通过区块链技术实现用户资产的通证化，确认用户的数字资产，通过对积分链改，帮助传统行业、信息互联网行业转型链上世界。建立大规模协同的共识机制，通过将通证进行确权，以通证激励的方式推动用户社群共同努力，为社群做出贡献并获得相应的奖励，不断替代传统公司制协作模式，让参与创造财富的各种利益相关者，都具有组织长期利益的共治和共享，链组织的生态得以慢慢实现。

需要提醒的是，不是从事区块链行业就一定会自然地拥有链组织，很多区块链行业的企业都是非常中心化的公司制组织，如果用传统公司制的组织形态来从事区块链的事业，无论是管理成员、运营成本、服务成本都会居高不下，很容易就会被链组织的同行所超越，在区块链环境中链组织才是效率最高、成本最低的组织形态。

2018年9月，成立两年零三个月的趣头条上市，作为一款基于金币激励和社交裂变的内容产品，趣头条通过社交软件中分享给好友而获得奖励来实现用户增长，这被称为收徒式营销。趣头条通过对用户的所有有效行为进行奖励，如注册、签到、阅读文章、评论和分享等，奖励以金币积分的形式累计，趣头条根据每天自己企业的利润情况，确定每天的金币价格，允许用户用自己拥有的金币兑换成现金，直接变现，让用户可以即时地获得利益。趣头条精准运用社交流量寻找到定位用户，利用现金补贴的模式在短时间内俘获大量用户，从而达成企业的营销目标。越来越多的企业愿意在趣头条上投放广告以提高转化率，实现了企业和用户的利益共享。

趣头条的发展模式和路径是区块链时代创新思维的产物，以区块链思维开创的模式，虽然不被社会大众所熟知，也无法用现有的商业模式去理解，却成功地占有了市场，令人耳目一新，成为互联网用户增长的教科书案例。

第16章

链组织
——历史的机遇与挑战

16

区块链是一个和蒸汽机、电力及互联网一样的伟大发明。从空间的角度看，区块链是和现实世界、互联网世界一样的第三个平行世界；从社会的角度看，区块链解构并改变了现实社会的生产关系；从时间的角度看，区块链标志着代码机器管理时代的到来；从社会进程的角度看，区块链将推动高度文明社会的最终实现。

区块链改变了价值衡量的尺度，传统的公司制组织依靠稀缺性、利润、成长性等要素衡量价值，而链组织依靠共识和认同衡量价值。区块链的本质是融合与共赢，通过区块链和通证，可以设计出一种共赢机制，把所有的员工、用户、供应商、代理商、服务商等都绑定到一条船上，极大地激发组织、链、基金会及社群的活力，这与传统的公司制组织相比是质的提升。

国内外的所有互联网公司，以及所有金融机构等都在攻克区块链的核心技术。目前的互联网是信息互联网，区块链技术是要把信息互联网发展到价值互联网，这就意味着人类文明和财富的重新组合。

展望数字经济未来，技术的进步导致生产关系、经济基础和上层建筑的巨变。未来人类数字经济将由区块链、机器人、VR、人工智能和物联网等新技术驱动，人类将与机器携手建设未来社会。基于数字资产的核心作用，逐步实现使用权优于拥有权的真正的共享经济，数字经济将在未来开启一个最好的时代。

区块链技术的价值互联网是真正的普惠金融或普惠财富新时代。人人都有数字财富，人人都有数字贡献，人人都有数字创造，区块链技术就是一种准确识别、不可撤销、更不可篡改的个人及其家庭、自治组织或机构的价值计量。区块链技术也不能简单地说成是智能化的价值互联网账本，其实区块链技术是人类迄今为止追求美好生活的最优化制度安排。

以区块链技术为底层技术的组织结构和管理模式，通过分布式记账、通证激励、智能合约、共识算法等要件，为解决信息不对称、逆向选择和完善激励模式，以及打破公司制组织的边界，削弱渠道的价值，组织长尾供给以及改变企业追求垄断的天性，建立在区块链基础上大规模分布式协同的链组织，是最适宜区块链环境中的组织形态。

后记

上方18年的实践经验

从移动互联网到价值互联网，秉承区块链精神的上方在跃迁。

1994 年 4 月 20 日，中国通过一条 64K 的国际专线，全功能接入国际互联网，这成为中国互联网时代的起始点，中国互联网时代从此开启。

2001 年互联网行业遇到了前所未有的泡沫，2002 年多家互联网公司通过发展增值服务（SP）业务度过泡沫破碎后的寒冬。2002 年 4 月新浪推出无线业务，致力于建立用户付费增值服务平台；网易的无线增值服务也在贡献收入，帮助网易逐步走出亏损状态。

SP 行业中第一家手机增值业务论坛于 2002 年 8 月开始筹备，2002 年 12 月 1 日正式上线，到 2004 年 8 月成为行业最火爆的无线增值论坛，推出了行业资讯、论坛社群、爱知客共享平台、无线合作网、无线人才网等多个平台，并见证、参与和推动了中国互联网和移动互联网的快速发展。

SP 论坛秉承"虚拟与分布、融合与共赢、开放与共享、零摩擦、零成本"的互联网理论，在整整一年半的时间里只有一个全职成员，除此之外是几十人的版主团队，以及各种志愿者和服务者。上方 2005 年创建了爱知客，这一部分内容在前文已经提过。受制于时代和认知的限制，苹果积分没有加密属性，爱知客也没有形成分布式系统。但是 SP 论坛始于社群，对于社群制组织有着非常深刻的理解和实践。

2007年移动互联网开启，SP论坛升级为上方网

2007 年移动互联网开始在中国萌芽，SP 论坛顺势升级为上方网，上方网定位第三方立场的移动互联网行业门户，是坛友参与协同工作，共同建设的共享平台和自我服务平台。上方网以其真实、鲜活地反映行业动态，开放、自由地表达行业话语，形成了独有的网站风格，营造了良好的相互沟通、共同发展的论坛环境，成为黏性很强的行业门户，具有强大的生命力。同时以其信息量大、互动性强、发布迅速等特点深受行业用户的欢迎，截至 2009 年 7 月，上方网 PR 值（PageRank 网页级别）为 7，在移动互联网行业中拥有非常高的信誉和品牌形象。

上方网自 2005 年开始，连续多年组织移动互联网行业的 TOP50 评选、客户端 TOP50 评选以及手机游戏 TOP50 评选，组织行业内上百名专家点评，上方网所组织的评选是当时移动互联网最权威的评选之一，是一年一度的盛事，得到了行业企业的广泛认

可。上方网作为行业知名门户网，多年来是中国互联网协会、中国通信企业协会等多家机构的指定合作伙伴，同时也是北京通信行业协会的理事单位。2009—2011 年，上方网作为"中国互联网大会"的指定行业门户，特别协办移动互联网峰会。

从移动互联网到移动游戏，上方发展9年后引入了天使

早在 2000 年时，紫上得到秋水的支持创立了上方花园工作室；SP 论坛 2002 年创立，秋水和枫叶继续成为合伙人。2004 年成立公司后，Cindy、Vigi 和然然加盟上方，之后一直依靠市场和客户的支持发展社群。2011 年，随着苹果和安卓等智能手机的迅速发展，移动互联网迎来了真正的春天，上方网在移动互联网行业应用和移动游戏两大业务体系里，选择了移动游戏综合服务作为发展的主业。一直对资本保持克制的上方终于在 2011 年开始第一次引入了天使，CSDN 董事长蒋涛、弘道资本李晓光、纵横汇刘炳海等成为上方的天使投资人。

从 2012 年开始，上方成立了一系列的社群制组织，帮助移动游戏行业聚人、聚钱和聚事，为移动游戏产业的发展起到了关键作用，包括 2012 年 4 月成立的上方女人邦，2013 年成立的上方汇和上道游戏交易平台，2014 年兄弟单位上方花园孵化器创立，并从 2012 年移动互联网大会升级为 TFC 全球移动游戏大会，2016 年创建上新板俱乐部、TOP 棋牌智力游戏联盟等行业组织。

1. 上方汇

2013 年 8 月，游戏行业最具影响力和权威性的 60 余位手游超级巨头 CEO 联合发起成立了上方汇（Top Fun Club，TFC）联盟，以强势的人脉、雄厚的资金以及丰富的经验助力企业更快速、高效地成长。上方汇是汇集了最强的人脉和资源的移动游戏行业精英俱乐部。

2. 上道游戏交易平台

上道 2013 年 7 月成立，依托上方在移动游戏行业内容版权商、游戏开发商、发行商、渠道资源和国内主流风险投资商的优质资源，为游戏行业几千家游戏公司提供包括投资、发行、渠道等资源的对接，并得到游戏行业的广泛认可。服务的游戏团队有数十万人，精品游戏入库 3650 款，发行及渠道商入驻近 2000 家，为投资机构推荐 500 多个项目，近百家游戏企业融资成功，融资总额十几亿元。

3. 上方花园

上方花园是由移动游戏行业 100 位领军人物共同参与建设的线下会所，致力于打造线上线下相结合的游戏行业孵化器，也是首个以游戏化思维打造的线下咖啡馆。

4. TFC 全球移动游戏大会

TFC 全球移动游戏大会是由上方组织的全球游戏行业最专业的 2B 领域的大会，至今已经成功举办过 16 届，单届大会最多参会人数近 10 万人，曾影响近 300 万的游戏行业的高管及从业者。

从云管理的社群制组织到公众公司，
上方登陆新三板创新层

上方作为一家在信息互联网时代开启分布式办公的社群制组织，2007 年上方创建了 SaaS 管理系统，开始全面启动云端办公模式，成员分布在全国 29 个城市，有成员在上方工作十几年，从来没有见过面。上方作为国内领先的云办公企业，有着丰富的远程办公的管理经验，CEO 王紫上于 2017 年出版的《云管理 2.0》成为国内最早的阐述云管理、云办公的管理论著之一。

经过多年的发展，上方旗下拥有了上方网、TFC 全球移动游戏大会、上道游戏交易平台、正版桥版权交易平台、上方传奇投资孵化器等品牌。上方根植移动游戏、泛娱乐，覆盖 VR/AR 等智能软硬件和娱乐机器人等领域，业务涵盖媒体推广及整合营销平台、投资孵化平台、交易平台以及人才服务平台等内容。

上方客户覆盖移动游戏产业 95% 以上的上市企业，以及 90% 以上已登陆或拟登陆新三板的 80 多家泛游戏企业，包括腾讯、阿里、百度、360、华为、OPPO、vivo、酷派、联想、金立、中兴、掌趣科技、中国手游、乐逗游戏、昆仑、英雄互娱、天神娱乐、游族网络、37 玩、蓝港在线、畅游、天拓、天象互动等知名企业。

2016 年 2 月 15 日，上方股份正式登陆新三板，股票代码为 835872，并于 2017 年登陆了创新层，主要经营泛游戏和大文娱行业的品牌宣传、广告推广、项目孵化、技术服务及人才培养等主营业务。从分布式的社群制组织到以利润为指标衡量公司价值的公众公司，上方股份奔向资本市场的新高地，却是完全不同的创业历程和体验。

从公众公司再回到分布式通证社群制组织，上方升级了链组织

上方转型进入区块链行业后，发现在信息互联网时代，云管理思想和区块链精神是一致的，这为分布式社群制组织的上方在区块链行业快速发展奠定了重要基础。2018 年 3 月召开 TokenSky 区块链大会首尔站，2018 年 7 月 4—5 日成功召开了 TokenSky 东京站，TokenSky 是当时规模最大的数字经济和区块链行业大会之一，汇聚了数以万计的全球区块链行业从业者，影响力较大。

在区块链行业，上方主要为传统产业提供链改方面的帮助和服务，帮助优秀项目融资，构建传统行业资产数字化平台，协助社群化自治，解决数字资产流通性等服务。帮助优质项目构建社群化自治生态，资产数字化，帮助优秀项目融资，解决数字资产流通性。

2018 年 8 月，上方选举蒋涛担任第二任董事长，蒋涛是拥有 3000 万程序员的 CSDN 社区董事长，《程序员》杂志创始人，极

客帮创始人及分布式协作组织实验室发起人。上方和 CSDN 共同联手，打造 TokenSky 区块链技术生态服务，致力于帮助传统企业从互联网上转型到区块链上，帮助国际区块链项目进入中国市场。

乘着区块链和新三板的东风，上方开始真正的跃迁

2019 年 10 月 24 日，中央政治局第十八次集体学习时的重要讲话精神，特别是关于区块链技术创新的论述，要加快推动区块链技术和产业创新发展。2019 年 10 月 25 日，新三板迎来了历史上最全面的改革，上方股份迎来了区块链和新三板的双喜临门。上方股份作为泛游戏综合服务第一股，2016 年 2 月 15 日登陆新三板，2017 年登陆创新层，作为一家公开透明的公众公司，上方开始了真正的跃迁。

2019 年 12 月 1 日，"海南国际离岸创新创业示范区建设暨区块链·数字资产交易技术创新高端论坛"在三亚举行。海南省人民政府副省长王路表示，海南在区块链和数字资产交易方面的愿景，希望海南成为国家区块链研究和应用示范中心，成为国家数字资产交易的示范区。在此次论坛上，上方股份创始 CEO、TokenSky 创始人王紫上，以海南省区块链协会副会长的身份代表海南省区块链协会，宣读《海南区块链技术创新应用倡议书》，倡议通过区块链技术提升产业竞争力，推动海南产业转型，打造海南数字经济战略高地，助力海南建设世界"链谷"。

上方手机数据业务 18 年，在游戏行业具有丰富的顶级资源，未来上方股份将深耕"区块链＋游戏"领域，不断推陈出新，在与各大游戏平台、团队改造传统游戏的同时，推出拥有核心竞争力的区块链游戏平台及项目。同时，上方将保持帮助传统行业和企业转型升级、换道超车的初心，坚持推进"一带一路"建设、构建人类命运共同体的使命，帮助全球的消费者、生产者、投资者们一起创造新的价值。

用区块链的链管理和通证激励来帮助传统行业赋能、共生、协同，帮助它们变道超车、转型升维。用币东代替股东和员工，用币权代替股权，用社群代替公司和渠道。从需求端入手，用通证来实现客户和用户的短期利益和长期利益，并且可以升值变现，将收入和利润分给币东，用并行的分布式的组织模式提高效率，让运营成本、服务成本和管理成本趋近于零。

在区块链快速发展的中国，上方凭借独特的发展优势，继承改革创新精神，历经 18 年的迭代，凭借强大的区块链技术、行业资源以及敢于创新的精神，走在世界区块链发展的前列。同时依托完整的区块链生态体系，从底层技术到运用落地，从顶尖人才培养到跨行业跨区域无国界的强强联合。上方在这场跃迁中，正在一步一个脚印地走向下一个高地，这是区块链发展的制高点，是国家在世界科技之林插下的创新旗帜。

《区块链之歌》

Blockchain Heroes

歌词：秋水

自由的号角在上方响起

The horn of freedom rings from above

勇者们相遇　智者们凝聚

The brave meets the wise together

组成最强联盟

Forming the strongest alliance

为梦想前趋

For dreams, the predecessors

穿越风暴危机

Passed through the stormy crisis

誓要坚持到底

Pledging to endure till the end

成传奇

Creating a miracle

也曾经这样的生活

Once upon a time, a life like this was

被黑暗一点点吞没

Swallowed by darkness little by little

心中的火在燃烧着

The fire in our heart is still burning

将所有坚固的壁垒冲破

Breaking down all strong barriers

我渴望这样的生活

I aspire to have such a life

让光明一寸寸闪烁

Let the light shine inch by inch

纵横御龙　飞过苍穹

A feisty dragon, flying over the TokenSky

开创着新世界的不朽

Creating the immortality of the new world

谨以此歌

献给全球正在为区块链事业奋斗的英雄们

Dedicate to the heroes who are striving for blockchain